# El magnífico libro de las verduras

Come un arcoíris a diario
con más de 80 recetas vegetarianas

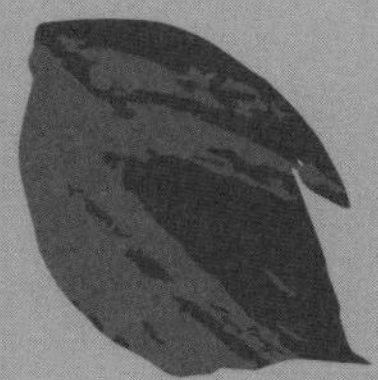

# El magnífico libro de las verduras

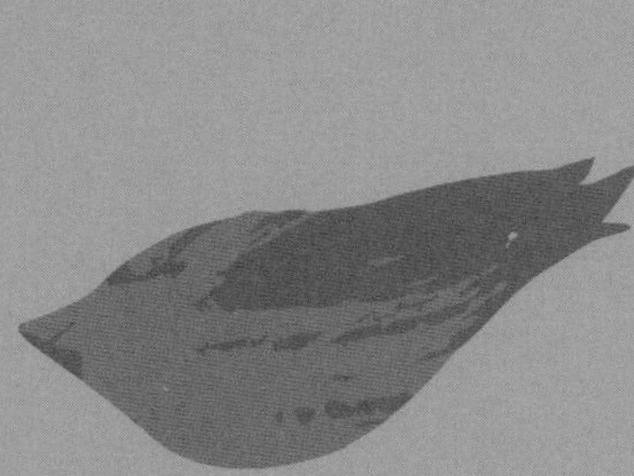

Alice Hart

cincotintas

# Contenidos

# OTOÑO



# INVIERNO

# INTRODUCCIÓN

Este libro de recetas es una orgullosa celebración de las verduras y de sus vibrantes arcoíris de color y lo he organizado por estaciones para inspirarte a que aumentes la ingesta diaria de verduras de las maneras más deliciosas posibles. Quiero aclarar que el libro es más que una colección de recetas vegetarianas o veganas: cada receta se centra en una verdura o verduras específicas y, en la mayoría de las ocasiones, son muy ricas en cereales integrales. Los cuatro capítulos de recetas reflejan esta manera de cocinar según la estación del año, con alimentos integrales y con alegría, siempre con el sabor como eje central y con las verduras como ingrediente clave. Huelga decir que, en el momento en que escribo este libro, la mayoría de nosotros hemos eliminado o estamos valorando eliminar o reducir el consumo de carne, pescado y lácteos al menos en cierta medida. Ahora, esto es ya la norma y no una excepción revolucionaria. Como lector, tienes completa libertad para decidir si alimentarte como vegetariano o como vegano todo o parte del tiempo. Aquí no encontrarás juicios, sino abundantes verduras magníficas entre las que elegir.

El consumo tanto de verduras como de otros alimentos de origen vegetal es fundamental para la salud y, en mi opinión, una manera deliciosa y llena de color de alimentarse. El concepto básico de comer verduras siempre me ha parecido algo mágico, sobre todo cuando se atiende de verdad a la riqueza de las verduras frescas y se toma conciencia de la enorme variedad que presentan: los colores, los sabores, las formas, las texturas... ¡Es fantástico que podamos preparar y consumir estos alimentos tan bellos y fascinantes! Son una tentación infinita y representan a la perfección el paso de las estaciones. Y el hecho de que podamos usar su energía como combustible y beneficiarnos de sus vitaminas, minerales, fitonutrientes, etc., es aún más extraordinario.

No te sorprenderá que te diga que creo que la zanahoria funciona mejor que el palo. Las órdenes y los sermones casi nunca convencen a nadie para que modifique sus hábitos de alimentación o de preparación de alimentos, ni siquiera a corto plazo. ¿Por qué iba a hacerlo? La mayoría de nosotros ya sabemos muy bien qué «debemos» hacer (con toda probabilidad, incluye comer más verdura la mayoría de los días), pero siempre hay obstáculos prácticos que nos lo impiden, desde limitaciones de tiempo hasta falta de inspiración o de conocimientos culinarios.

Todos necesitamos que nos animen a dar prioridad a los alimentos nutritivos en nuestro día a día, pero, francamente, no siempre es posible, ni siquiera con todos los ánimos del mundo. He escrito estas recetas para inspirarte a lo largo de las estaciones cambiantes y con el énfasis firmemente puesto en el placer y en la celebración más que en el deber. Las verduras frescas son, merecidamente, objeto de celebración y el eje de este libro, pero, desde el punto de vista nutricional, no hay nada que te impida recurrir a verduras congeladas cuando no afecte al resultado final, por ejemplo y sobre todo cuando hablamos de guisantes o de habas. No seamos demasiado tiquismiquis. Verás que, por lo general, indico el uso de legumbres cocidas que se pueden usar instantáneamente en lugar de legumbres secas, que hay que poner en remojo y hervir. Muchas veces, dejaré que tú elijas.

¿Cómo podemos comer «bien» cada día? Hay mucho ruido paternalista y complicado que nos dice qué deberíamos comer y cómo deberíamos cocinarlo. Por mi parte, hago caso omiso de la mayoría de esas instrucciones y opto por una estrategia muy sencilla. Construyo los platos a partir de una verdura, o de una combinación de verduras, teniendo en cuenta el color, la variedad, la estación, el equilibrio, el sabor y los cereales integrales. Sé que parece una lista compleja de requisitos, pero, una vez le hayas pillado el tranquillo, verás que los platos basados en verduras empezarán a fluir sin dificultad. Si te propones variar los colores que comes a lo largo del día y de la semana y ser especialmente generoso con los múltiples tonos de verde, es más que probable que te aficiones a esta manera de comer y que consigas o excedas el famoso objetivo de las «cinco raciones al día». Además, centrarse en una verdura es una manera muy económica de cocinar, tanto en términos de coste económico como de coste ambiental, ya que se pone el énfasis en lo que abunda en cada momento.

Las distintas maneras de cocinar son como idiomas distintos que se pueden aprender. A continuación, ampliaré un poco este tema y te explicaré paso a paso cómo sacar el máximo partido a las verduras para que puedas hacer tuya esta manera de cocinar, aunque también tienes la opción de cocinar siguiendo al pie de la letra las instrucciones de las recetas, sin preocuparte por desarrollar un estilo propio. He prestado mucha atención a la saciedad, al equilibrio de macronutrientes y, con frecuencia, al nivel de proteínas; los platos se han concebido para que sean muy nutritivos y para que comerlos sea un placer, pero sin que les falte energía ni resulten restrictivos. Son recetas para los aficionados tanto a cocinar como a comer. No hay lugar para escatimar ni para pasar hambre.

Para simplificar aún más las cosas, he ejercido cierta autodisciplina en términos del «ego del cocinero o del escritor de libros de cocina» y he intentado aprovechar al máximo los métodos de cocción más simples y los ingredientes y especias más humildes, por así decirlo. Esto significa que he evitado esos ingredientes exclusivos que con tanta frecuencia acaban cubiertos de moho en el fondo del frigorífico o de la despensa, después de haber tenido que pedirlos por internet o de habernos exigido emprender una expedición por tiendas especializadas, de comida sana o de delicatessen. Las verduras de siempre, con temporadas de cultivo o de almacenamiento largas, como los tubérculos, las calabazas y las crucíferas reconocibles, aparecen repetidamente a lo largo del libro, en el que no encontrarás recetas dedicadas a variedades exclusivas o raras, como el salsifí o el hinojo marino (aunque, están deliciosos, eso sí).

Lo mismo sucede con las especias, los condimentos y los aromáticos que la mayoría de los aficionados a la cocina podrían considerar estándar. Piensa en comino y cilantro, chiles, jengibre, limones en conserva, tápenas, tahina o alguna que otra combinación de especias que, con toda seguridad, volverás a usar. Encontrar todos estos ingredientes es relativamente fácil. Es posible que haya quien discuta la generosidad con que recurro a la granada o a la cúrcuma fresca (pronto descubrirás que son dos de mis ingredientes favoritos), pero no son más que un par de los pocos caprichos que me he permitido.

# Ser creativo con las verduras

Cuando cocino verduras, esto es lo que tengo en cuenta para conseguir alimentos magníficos, saludables y multicolores durante todo el año.

### UMAMI

Descubrirás que el tema de las capas adicionales de umami es recurrente a lo largo de las estaciones y sobre todo en las recetas de la temporada más fría. Este énfasis en la profundidad del sabor confiere alma a la cocina vegetariana y vegana, ya sea cocinando a la brasa o a la plancha para caramelizar y concentrar los sabores, ya sea añadiendo condimentos ricos en umami, como tápenas, aceitunas, tomates secos, quesos curados y salados, miso o soja. Siempre equilibrio la potencia de este sabor de fondo con toques ácidos o dulces, según sea necesario.

### COCINAR DE FORMA CONSCIENTE

Es muy posible que sea consecuencia de mi educación culinaria basada en cocinas y en hornos Aga, pero tiendo a cocinar en el horno. Asar las verduras lentamente y con un poco de grasa, con frecuencia enteras y con la piel, ablanda y realza el dulzor sin necesidad de destreza ni de esfuerzo y con la mínima suciedad que limpiar. Compara, si no, la sonora profundidad de una remolacha con piel asada a fuego lento y el sabor de una remolacha pelada y hervida. Los sabores se suavizan y se desarrollan a medida que el horno hace su trabajo. Por este mismo motivo, recurro a parrillas o planchas al rojo vivo cuando tengo poco tiempo o cuando la verdura lo requiere: máximo sabor y textura a cambio del mínimo esfuerzo, lo que es una magnífica noticia para los aficionados a las barbacoas. Casi nunca frío la comida, porque me parece un jaleo tanto durante como después de la cocción. Por lo tanto, puedes tener la seguridad de que, si encuentras algo frito en el libro, merece la pena. Te lo garantizo.

### TRATA A LAS VERDURAS COMO SI FUERAN LAS HEROÍNAS DE LA PELÍCULA

Por lo general, aconsejo tratar la verdura como la protagonista del plato o de la mesa y mantenerla entera o en trozos de tamaño considerable siempre que sea posible, para construir el plato a partir de ella. Así, celebrarás cada verdura de forma natural y realzarás su textura y su perfil de sabor a media que la cocines. Por ejemplo, quizás empieces por cuñas de tierna calabaza asada y especiada como protagonista del plato. El plato estará completo una vez hayas esparcido avellanas tostadas por encima y las hayas cubierto de dulce cebolla frita, de cucharadas de relajante labneh o de cuajada de leche de cabra, con un poco de perejil a modo de ensalada y con lentejas aliñadas con vinagre como acompañamiento. Comienza con las cuñas de calabaza. El resto llegará después.

### EQUILIBRA LOS SABORES, PERO PIENSA A LO GRANDE

Las normas acostumbran a ser aburridas, así que no creas que has de aplicar esta en todas las recetas, pero prestar atención al equilibrio y al contraste entre los sabores salados, ácidos, dulces y picantes valdrá la pena en los platos vegetarianos. Cuando se trata de recetas vegetarianas con verduras, me gusta dar un paso más y hacer que esos contrastes sean evidentes y osados. En la práctica, esto significa especiar con generosidad y añadir hierbas aromáticas frescas a puñados, más cítricos, más aromáticos, y más frutos secos y semillas tostados. El objetivo no es tanto abrumar con sabores como hacer que el plato sea emocionante y realzar las verduras. Reálzalas haciendo el pequeño esfuerzo de buscar las especias para tostarlas y molerlas o de añadir más hierbas aromáticas frescas de las que sueles usar.

Tampoco me gusta ocultar o esconder los sabores con demasiados lácteos (además de por razones más complejas que tienen que ver con la industria láctea a gran escala), por lo que, en la mayoría de las ocasiones, intento usar cantidades sensatas de productos lácteos de la mejor calidad.

Apenas hay recetas que no se puedan modificar fácilmente para hacerlas veganas. Me he esforzado en tenerlo en cuenta siempre que he usado lácteos en estas páginas, porque sé que muchos lectores querrán hacer cambios por motivos medioambientales, éticos o dietéticos. La mantequilla, el yogur y la nata líquida añaden textura y sabor cuando se usan con mesura. En la mayoría de las ocasiones, podrás sustituir la mantequilla por aceite de oliva de buena calidad y usar yogur o queso de origen vegetal para el resto de los lácteos.

### LA TEXTURA ES TAN IMPORTANTE COMO EL SABOR

Esto se aplica tanto a cómo preparas las verduras para cocinarlas y comerlas como al modo en que equilibras la textura final con, por ejemplo, semillas tostadas saladas, tahina líquida salpicada, tiras de jengibre crujientes, rábano a láminas finísimas o cucharadas de yogur frío. Piensa en el contraste: lo crujiente hecho sedoso con lo suave; lo sedoso salpicado con lo crujiente. ¿Pelar o no pelar la dorada calabaza violín antes de meterla en el horno? La fina piel podría añadir un interés y una estructura muy valiosos si la conservas. ¿Mondar finamente verdura cruda para añadirla a la ensalada o dedicar tiempo a rallar o laminar bulbos y tubérculos para que comerlos sea un verdadero placer en lugar de una obligación? Te vas haciendo a la idea, ¿verdad? Piensa en el producto y en la experiencia de comer el plato acabado.

### PIENSA EN EL ARCOÍRIS

Si cocinas y comes una amplia variedad de colores cada día y a lo largo de la semana, ya tendrás medio camino hecho. Te invito encarecidamente a que comas verdura de hoja verde: es uno de los temas clave del libro. Si solo te quedas con una idea, que sea la de aumentar la ingesta de verduras de hoja verde, de hojas de lechuga e incluso de hierbas aromáticas recurriendo a recetas donde el color predominante sea el verde, en lo que a la verdura se refiere. Tan sencillo como eso. En el libro encontrarás muchísima inspiración para cocinar y comer verduras de todos los verdes del espectro, aunque yo insistiría en las kales y las crucíferas de color verde oscuro. Te será mucho más fácil defender la inclusión de esas verduras en la alimentación diaria si las presentas ya en forma de receta.

Cambiar de hábitos de compra y de alimentación puede ser complicado, así que para aumentar la variedad de las verduras que acostumbras a comprar, empieza por cambiar el color habitual: en lugar de comprar siempre pimientos amarillos, prueba las zanahorias amarillas, los calabacines amarillos o las judías enanas amarillas y pásate a los pimientos rojos o verdes. Varía y transforma tu lista de la compra. Evita los aburridos hábitos tanto como te sea posible: ahí fuera hay todo un mundo en tecnicolor que va mucho más allá de los guisantes al vapor y de las solitarias cabezas de brócoli.

### ¿FRUTA O VERDURA?

No siempre será evidente si lo que cocinas es una fruta o una verdura. ¿O sí? Por ejemplo, aunque sabemos que el tomate es una fruta desde el punto de vista de la botánica, en la cocina lo solemos tratar como una verdura. Por eso, en el libro hablaré de los tomates como si fueran verduras. Se han ganado el estatus de estrella invitada. Lo mismo sucede con los aguacates, los pimientos, las berenjenas, las judías verdes, las mazorcas de maíz, las calabazas, los pepinos, etc.

### DESAYUNOS SALADOS

Comenzar el día con verduras es muy fácil y hay muchísimas partes del mundo donde esto no es en absoluto un concepto novedoso. Al fin y al cabo, el subidón matutino de azúcar no siempre fue el desayuno estándar en Occidente. Todos respondemos a la comida de distintas maneras y, por otro lado, sugerir que tendremos tiempo para cocinar la mayoría de las mañanas laborables no es en absoluto realista, pero aun así, en mi caso, empezar el día con un plato salado me ayuda a enfocar la jornada de otra manera, por lo que intento hacerlo siempre que me resulta práctico.

Potencialmente, el desayuno o el almuerzo constituyen una tercera parte de la ingesta diaria, lo que me lleva a preguntarme qué nos parecería sustituir una cena rápida por un cruasán con mermelada de forma habitual. Los platos basados en verduras y no en cereales o pastas evitan el hambre a media mañana y facilitan que sigamos una alimentación más equilibrada a lo largo del día. Por decirlo de algún modo, como ya hemos empezado con buen pie, nos es más fácil seguir por el mismo camino. E incluso si nos descarriamos en el almuerzo o en la cena, nos hemos asegurado de ingerir alimentos sanos y nutritivos.

A lo largo del libro, encontrarás abundantes recetas adecuadas para el desayuno o el almuerzo, en función de lo dispuesto que estés a ampliar tu concepto de comida para el desayuno y del tiempo de que dispongas. Por ejemplo, puedes preparar una frittata de masa madre y cargarla de verduras de hoja verde en un momento o incluso dejarla preparada el día anterior. Lo mismo digo de un pastel de verduras horneado lentamente y repleto de verduras de primavera o de un pan de maíz contundente y aromático cubierto de tomates asados y de granos de maíz. Además, no necesariamente tienes que usar huevos; una sopa hecha con caldo vegetal, aromáticos y verduras dulces es fantástica como desayuno para los comensales veganos más atrevidos. Encontrarás todas estas recetas en las páginas que siguen y las podrás preparar con antelación y sin apenas esfuerzo.

### ¿POR QUÉ VERDURAS SALADAS Y NO VERDURAS O FRUTAS DULCES?

Las verduras tienen menos azúcares y son más ricas en fibra que las frutas, por lo que van por delante en la jerarquía de alimentos «saludables». Este es un libro de recetas saladas (cenas, desayunos, almuerzos y tentempiés), todas ellas basadas en verduras, por lo que no encontrarás recetas que solo contengan fruta. Tampoco encontrarás recetas de postre con verduras, como pasteles de zanahoria o *brownies* de remolacha. Aunque a veces añado un poco de azúcar a un plato o un aliño para realzarlo o equilibrarlo, los resultados siempre corresponden a la categoría «salada».

# Notas de la cocinera

La mantequilla siempre es sin sal, a no ser que la receta especifique lo contrario. Compra mantequilla de calidad, a poder ser total o predominantemente de ganado alimentado con pasto.

---

Todas las recetas que contienen lácteos se han probado usando productos enteros o con toda la grasa, a no ser que se especifique lo contrario.

---

Los huevos son grandes, si no se indica lo contrario. Si puedes, por favor compra huevos de gallinas criadas en libertad.

---

Los hornos funcionan a distintas temperaturas y la mayoría tienen puntos calientes. Un buen termómetro de horno independiente hará maravillas por tu cocina y te ayudará a entender la idiosincrasia de tu horno. Estas recetas se han probado tanto en hornos convencionales como en hornos con ventilador y, para garantizar la precisión, se ha usado un termómetro independiente. Indico las temperaturas de cocción, pero recuerda que los hornos con ventilador calientan más, por lo que tendrás que reducir la temperatura en 20 °C (68 °F): si indico 180 °C (356 °F) para un horno convencional, tendrás que reducir la temperatura a 160 °C (320 °F) si usas un horno con ventilador.

En las recetas saladas, cuando hablo de «sal» me refiero a sal marina en escamas, como la sal Maldon; a la hora de hornear, es preferible usar sal marina fina, para que se distribuya de un modo más homogéneo y sutil. Cuando hablo de «pimienta», me refiero a pimienta negra en grano recién molida. Y cuando hablo de «salpimentar», me refiero a añadir sal marina en escamas y pimienta negra recién molida al gusto.

---

Todas las medidas en cucharadas o cucharaditas son rasas, a no ser que se indique lo contrario.

---

Las medidas tanto por peso como por masa/volumen son objeto de debate encendido entre los cocineros. Yo uso una balanza para pesar los ingredientes en gramos y en kilogramos y no he probado las recetas con las medidas en tazas. No puedo garantizar la exactitud si se convierten en tazas mediante tablas estandarizadas, sobre todo cuando se trata de recetas que hay que hornear, pero, si no te asusta el riesgo y te resulta más cómodo, convierte los gramos en tazas.

# Comer un arcoíris a diario

¿Cómo es una ración típica de verduras? Calcularlo quizás te sea más fácil si piensas en una taza o en un bol de 250 ml de capacidad. No hace falta que seas exacto. Podrías llenar ese recipiente con hojas de lechuga u otras hojas para ensalada, añadir un poco más y con eso tendrías una porción. Si se trata de verdura ya cocida, una ración sería entre media taza y un tercio de taza. Si llenas media taza generosa con maíz, guisantes, judías, brócoli, calabaza, boniato, tomates crudos o cocidos, pepino, etc., tendrás una ración para un adulto promedio. Tampoco le des demasiadas vueltas; la cuestión es acabar calculando a ojo y lo más probable es que ya lo hagas ahora. Por desgracia, no se considera que comer una taza entera de, por ejemplo, guisantes, sean dos raciones; por el contrario, comer media de guisantes y media de tomate, sí. La variedad es la clave, sin duda.

Pensar en las verduras en función del color te puede ayudar a hacer la compra y planear qué cocinar de estación en estación. Aunque aquí me centraré en las verduras (y en algunos intrusos vegetales que, técnicamente, son frutas), el arcoíris de frutas es igualmente abundante y una fuente útil de fibra que ofrece una amplia variedad de vitaminas, de minerales y de antioxidantes. Puedes estar seguro de que todas las verduras son ricas en estos nutrientes y muy beneficiosas para la salud. A continuación, encontrarás una guía muy básica de las variaciones en los niveles de antioxidantes y de vitaminas según el color.

Si tienes la sensación de que te has estancado y de que siempre acabas metiendo brócoli en el carro de la compra, ¿por qué no coges otra verdura del mismo color? Y usa el concepto del arcoíris para asegurarte de que ingieres una variedad de verduras suficiente: más verdura verde que de cualquier otro color, pero siempre con una buena combinación de rojo, naranja, amarillo, morado o beige en el total de verduras que uses. Lo que encontrarás a continuación es mi interpretación personal de los colores y en absoluto una lista exhaustiva, por lo que recuerda que habrá solapamientos y discrepancias en algunas verduras o familias de verduras, en función de la variedad y del momento de la temporada en que nos hallemos.

Como el verde es el color más importante desde el punto de vista nutricional, aparece por triplicado, separado en verde oscuro, verde brillante y verde claro. Las hojas de color verde oscuro son verdaderas bombas nutricionales y deberías dar prioridad a comer más de ellas cada día. Los méritos son claros: son bajas en calorías, pero ricas en antioxidantes, vitaminas K, A y C, ácido fólico y fibra, y contienen cantidades apreciables de hierro y de calcio. Todos estos nutrientes son beneficiosos para la salud.

Las verduras del color del atardecer (naranjas y amarillas ) son especialmente ricas en vitaminas A y C y en potasio.

El morado o el violeta en una verdura indican la presencia específica y beneficiosa de antocianina (un antioxidante), de carotenoides (que el organismo transforma en vitamina A) y de vitamina C.

Las verduras (y las frutas que se hacen pasar por verduras) de color rojo son ricas en licopeno y antocianina, dos antioxidantes. Al cuerpo le es más fácil usar el licopeno después de la cocción, por lo que pochar o asar los tomates liberará multitud de antioxidantes que sabemos beneficiosos a la hora de prevenir algunos tipos de cáncer.

Los pardos, beiges y crema son pálidos y relajantes, a veces amargos (por ejemplo cuando se blanquean), pero nunca insípidos si se tratan bien. No te dejes engañar por la aparente ausencia de color de este grupo de alimentos: sus miembros acostumbran a ser especialmente ricos en vitamina C y en potasio.



**VERDURAS Y HOJAS PARA ENSALADA VERDE OSCURO**

Berros, kale, espinacas, rúcula, pak choi y sus variaciones, brócoli y grelos, brotes de brócoli morado, perejil, acelgas, berzas, coles de hoja verde como el repollo rey de enero, mostaza china.

**VERDURAS Y HOJAS PARA ENSALADA VERDE BRILLANTE**

Guisantes, habas, edamame, albahaca, cilantro, menta y similares, hierbas estivales blandas, espárragos, okra, calabacines, alcachofas, judías verdes, tirabeques, hinojo marino, pimiento verde, guindilla verde.

**VERDURAS Y HOJAS PARA ENSALADA VERDE CLARO**

Apio, hinojo, cebolla tierna, puerros, lechugas y algunas endibias, colinabo, repollos y coles de Bruselas, alcachofas, *flageolets*, brotes variados, pepino, aguacate.

| VERDE | AMARILLO/NARANJA | MORADO/VIOLETA | ROJO | BEIGE/CREMA |
|---|---|---|---|---|
| ANTIOXIDANTES<br>VITAMINAS K, A Y C<br>ÁCIDO FÓLICO<br>FIBRA<br>HIERRO<br>CALCIO | VITAMINA A<br>VITAMINA C<br>POTASIO | ANTOCIANINA<br>CAROTENOIDES | LICOPENO<br>ANTOCIANINA | VITAMINA C<br>POTASIO |

**ROSAS Y ROJOS**

Rábano, tomate, pimiento y guindilla roja, remolacha rayada, patatas rojas.

**MORADOS, AZULES OSCUROS Y NEGROS**

Remolacha, patatas moradas, boniatos morados, berenjena, cebolla roja y chalotas, rábano y endibia morada, zanahorias moradas.

**NARANJAS Y AMARILLOS**

Calabazas, zanahoria, boniato, remolacha amarilla y naranja, maíz, pimiento amarillo, calabacín amarillo y calabaza bonetera.

**BEIGES Y CREMAS**

Patatas, coliflor, apio, castañas, endibia, nabo, col blanca, cebollas, setas, tupinambo, judías blancas, garbanzos, nabos y colinabos, frutos secos y semillas, ajo.

# PRIMAVERA

# VERDURAS DE TEMPORADA

- Espárragos
- Patatas Jersey Royal
- Puerros
- Lechuga y otras hojas para ensalada
- Ortigas
- Algunas patatas nuevas
- Legumbres (secas)
- Brotes de brócoli morado
- Rábanos
- Rúcula
- Espinacas
- Cebollas tiernas
- Colinabo
- Berros
- Ajo de oso

La primavera despierta poco a poco. No es una algarabía inmediata de brotes verdes y de yemas abundantes, sino un calentamiento suave, que comienza de la misma manera que termina el invierno, con crucíferas, *Allium* y tubérculos. Los brotes, que llegarán más adelante y poco a poco, no aparecerán en todo su esplendor hasta que el comienzo del verano haga notar su presencia. Por lo tanto, aún necesitamos cierta calidez y contundencia en la cocina, prolongaremos la estación de las sopas y nos iremos inclinando hacia platos más briosos a medida que la temporada avance y los rábanos, las patatas Jersey Royal, los espárragos y las hojas para ensalada den un firme paso adelante. Las verduras de hoja verde, ya sean oscuras, brillantes o claras, están por todas partes.

# Paccheri con brotes de brócoli morado

Esta cena celebra los brotes de brócoli morado, aunque también podrías usar bimi o algunos de los primeros espárragos. El precio de los piñones está por las nubes en el momento en que escribo el libro, por lo que si quieres un plato algo más asequible (sobre todo porque he sido muy generosa con las cantidades) sustitúyelos por almendras laminadas o blanqueadas. Por otro lado, he usado *paccheri* como pasta, pero cualquier otra forma tubular grande o gigante retendrá la salsa con elegancia: prueba, por ejemplo, con *ziti, bucatini* o un nido de *pappardelle.* Usa el pesto sobrante para untar verduras crudas o tostadas de pan de ajo con las que acompañar sopas.

**2 RACIONES ... CON SALSA PESTO DE SOBRAS**
**PREPARACIÓN ... 10 MINUTOS**
**COCCIÓN ... 15 MINUTOS**

60 g (2 oz) de piñones
3½ cucharadas de aceite de oliva virgen extra, y un poco más para servir
250 g (9 oz) de brotes de brócoli morado, con los tallos recortados
1 diente de ajo, picado grueso
½ cucharadita de copos de chile
1 puñadito de albahaca, y un poco más para servir
25 g (1 oz) de queso vegetariano duro, rallado fino, y un poco más para servir
180 g (6¼ oz) de *paccheri* secos
sal y pimienta negra recién molida

Comienza por poner los piñones en una sartén fría con ½ cucharada de aceite de oliva. Calienta a fuego medio y tuesta, removiendo con frecuencia, 3-4 minutos o hasta que los piñones se hayan dorado completamente y empiecen a sisear. Pásalos a un plato y reserva.

Blanquea los brotes de brócoli en agua hirviendo 4-5 minutos o hasta que el brócoli esté tierno pero no reblandecido. Tendrá que quedar más tierno que al dente para que lo puedas desmenuzar en el pesto, por lo que no escatimes con el tiempo de cocción. Sácalo de la olla con una rasera, escúrrelo bien y guarda el agua para cocer en ella la pasta.

Reserva la mitad del brócoli, seleccionando los trozos con buenas «cabezas», y deposita el resto (preferiblemente los trozos con más tallo y menos brotes) en un minirrobot de cocina junto al ajo, el resto del aceite de oliva, los copos de chile y la albahaca. Salpimienta y tritura hasta que obtengas una pasta gruesa. Rebaña las paredes un par o tres de veces. Añade los piñones y el queso rallado con un poco del agua de cocción del brócoli. Vuelve a triturar para integrarlo todo de nuevo.

Cuece la pasta en abundante agua salada hirviendo (incluida el agua de cocción del brócoli que has reservado) 8-9 minutos o según las instrucciones del paquete de la pasta que hayas elegido. Debería quedar al dente una vez cocida.

Saca y reserva un cucharón del agua de cocción antes de escurrir la pasta en un colador. Devuelve la pasta cocida a la olla y añade dos tercios del pesto y un buen chorro del agua con el almidón de la cocción. Sacude con cuidado la olla para que la pasta quede bien untada de salsa, añade el brócoli que has reservado y vuelve a remover.

Sirve en platos calientes con el resto de los piñones, un buen chorro de aceite de oliva y una lluvia de queso rallado.

# Frittata con hojas verdes

Esta es una idea magnífica para un desayuno o un almuerzo verdes, esta vez inspirado en la frittata de hojas silvestres del libro *River Café Cookbook Green*. Meterás en la sartén más verdura de la que jamás hubieras creído que cabe, pero cabrá, créeme. Usa la combinación que prefieras de kale, acelgas, espinacas maduras, berros u hojas de remolacha cortadas en juliana, con pizcas de rúcula, menta, orégano (poco), albahaca y fenogreco. El hinojo marino le dará un toque maravilloso, pero entonces ten cuidado con la sal en el resto de la receta.

Puedes sustituir el pan de masa madre por patatas cocidas, aunque no aportarán la misma consistencia a la frittata. Estará deliciosa con compota de guindilla, siguiendo la receta, o con queso parmesano rallado fino o queso feta desmenuzado en lugar de ricota.

**3-6 RACIONES** ........ **EN FUNCIÓN DEL APETITO**
**PREPARACIÓN** ........ **20 MINUTOS**
**COCCIÓN** ........ **25-30 MINUTOS**

175 g (6 oz) de pan rústico, de masa madre o chapata, troceado
150 ml (5 fl oz) de leche
3-4 cucharadas de aceite de oliva
2 dientes de ajo, picados finos
700 g (1 lb 9 oz) de verduras de hoja verde y de hierbas aromáticas frescas, en juliana (en la introducción encontrarás algunas ideas)
6 huevos grandes, ligeramente batidos
200 g (7 oz) de ricota, escurrida
sal y pimienta negra recién molida

Precalienta el horno a 220 °C (425 °F/gas 7). En un plato hondo grande, pon el pan en remojo en leche unos 20 minutos, para que se ablande, y remueve de vez en cuando. Desmenúzalo en trozos más pequeños (aún en el plato).

Calienta 1½ cucharadas de aceite a fuego medio en una sartén grande, de unos 23 cm de diámetro. Añade el ajo y la verdura y sofríe 3-4 minutos o hasta que la verdura se haya pochado y ablandado. Vuelca la verdura en un cuenco, añade el pan empapado en leche y deja que se enfríe unos minutos. Añade los huevos, salpimienta y remueve bien.

Seca la sartén con un paño, si es necesario, y vuelve a ponerla a fuego medio-alto. Añade el resto del aceite y una cucharada más si la sartén tiende a pegarse (las sartenes antiadherentes de buena calidad no suelen necesitarlo). Ahora, vierte todo el contenido del cuenco en la sartén y esparce la mitad de la ricota por encima, en cucharadas colmadas. Aplástalo rápidamente con una espátula o con una cuchara para que la frittata quede densa y nivelada. Ahora, esparce el resto de la ricota por encima.

Mantén en el fuego hasta que la mezcla empiece a burbujear y los bordes se doren (unos 5 minutos) y, entonces, mete la sartén en la parte superior del horno 15-20 minutos más o hasta que la frittata haya cuajado y se dore.

Saca la sartén del horno y pasa una espátula por el borde para desprender la frittata. Deja reposar unos 10 minutos. Pásala a una tabla de cortar y córtala en cuñas grandes.



**NOTA**

Esta frittata es excelente acompañada de una ensalada de tomate recién hecha o comida fría al día siguiente.

# Pastel de verduras y pesto

Esta es la receta rica en verduras perfecta para desayunar o almorzar: se puede preparar con antelación, es deliciosa, es saciante sin ser pesada... y tiene alma de frittata, pero es más interesante. Yo sirvo este pastel de verduras acompañado de una ensalada de tomates cherry variados aliñada con tomillo, aceite y sal, para persuadir a los defensores acérrimos del desayuno dulce de que hay otro camino.

**8 RACIONES**
**PREPARACIÓN** ........ **15 MINUTOS**
**COCCIÓN** ........ **1 HORA 15 MINUTOS**

450 g (1 lb) de calabacines, rallados gruesos
3 puerros medianos, sin los extremos y en rodajas
400 g (14 oz) de acelgas (verdes o arcoíris), con los tallos y las hojas en juliana por separado
30 g (1 oz) de mantequilla
2 dientes de ajo, majados
1 pizca generosa de nuez moscada molida
150 g (5 oz) de queso duro vegetariano o de cheddar muy maduro
100 g (3½ oz) de guisantes, descongelados si son congelados
2 cucharadas de cebolleta picada
2 cucharadas de albahaca picada
120 g (4 oz) de harina de trigo sarraceno
1½ cucharaditas de levadura
6 huevos grandes, ligeramente batidos
120 g (4 oz) de tallos de espárragos trigueros finos, con las puntas cortadas
2 cucharadas de pesto verde fresco, comprado o de una de las variaciones de Pesto (p. 218)
sal y pimienta negra recién molida

Precalienta el horno a 180 °C (350 °F/gas 4).

Deposita el calabacín rallado en un trapo de cocina limpio y escúrrelo con fuerza para eliminar tanta agua como te sea posible. Pásalo a una ensaladera grande.

En una sartén grande a fuego bajo, pocha los puerros y los tallos de acelga en la mantequilla y con una pizca de sal 10 minutos o hasta que estén muy blandos, pero antes de que adquieran color. Añade el ajo y las hojas de acelga en juliana y deja en el fuego 1-2 minutos más. Añade la nuez moscada, remueve y vuelca todo el contenido de la sartén en la ensaladera con el calabacín. Añade el queso, los guisantes, la cebolleta y la albahaca y remueve. Condimenta ligeramente con sal y pimienta.

Vierte la harina y la levadura en otro cuenco y remueve con una batidora de globo para airear la mezcla. Haz un hoyo en el centro y vierte gradualmente los huevos batidos, sin dejar de batir la mezcla, hasta que obtengas una masa lisa. Vierte la masa en el cuenco con la verdura y remueve bien.

Traslada la mitad de la mezcla a un molde, cubre con un tercio de los espárragos dispuestos en horizontal y cubre con el resto de la mezcla. Con una cuchara, reparte el pesto en una línea longitudinal por el centro y luego pasa la cuchara haciendo eses por encima, para crear un efecto marmolado. Deposita el resto de los espárragos encima, dispuestos longitudinalmente. Hornea 1 hora o hasta que suba y se dore y, cuando pinches el centro con una brocheta, esta salga limpia.

Desmolda y sirve caliente o frío. También puedes dejarlo en el molde hasta que se enfríe.

# Halloumi aliñado con habas y pomelo

Se trata de un bonito aliño primaveral en que las habas llevan la voz cantante y están acompañadas por sabores agridulces y por semillas de hinojo. También está delicioso sobre zanahorias y remolachas enteras asadas o sobre cuñas de calabaza asada, ya sea con halloumi o no.

**4 RACIONES** ........ **CON ENSALADA PARA ACOMPAÑAR**
**PREPARACIÓN** ........ **25 MINUTOS**
**COCCIÓN** ........ **10 MINUTOS**

2 cucharaditas de semillas de hinojo
2 pomelos rojos
350 g (12 oz) de habas desgranadas
½ cebolla roja, picada fina
1 puñadito de menta, troceada
2 cucharaditas de miel clara
2 cucharadas de aceite de oliva, y un poco más para el halloumi
2 bloques de halloumi de 250 g cada uno, en lonchas gruesas
sal y pimienta negra recién molida

**PARA SERVIR**

ensalada de rúcula
pan de buena calidad

Tuesta las semillas de hinojo en una sartén sin aceite a fuego medio 1-2 minutos o hasta que se vuelvan fragantes y se oscurezcan ligeramente, pero no demasiado. Muélelas groseramente en un mortero o aplástalas con la base de un tarro de vidrio grueso sobre una tabla de cortar.

Corta la parte superior e inferior de los pomelos con un cuchillo afilado y retira la cáscara y el albedo de la fruta de modo que quede a la vista la pulpa, siguiendo la curva de los gajos. Corta entre las membranas para separar los gajos de los pomelos. Vuelca en una ensaladera el pomelo y los jugos que hayan podido quedar en la tabla de cortar.

Blanquea las habas desgranadas en agua hirviendo 2-3 minutos, escúrrelas en un colador y enjuágalas bajo el grifo de agua fría. Con un cuchillo afilado, corta la piel blanquecina exterior y desenfunda las habas, de color verde esmeralda. Repite hasta que las hayas pelado todas. Pásalas al cuenco del pomelo y añade la cebolla, la menta, la miel, las semillas de hinojo majadas y 1 cucharada de aceite de oliva. Salpimienta, pero recuerda que el halloumi ya es muy salado, así que ten cuidado con la sal.

Calienta a fuego muy alto una plancha o una sartén sin aceite hasta que humee. Pinta las lonchas de halloumi con el aceite que queda y hazlas a la plancha o fríelas 2 minutos por cada lado, o un poco menos, hasta que se hayan tostado y siseen. Transfiere a una bandeja para servir. Con una cuchara, extiende el aliño de habas sobre el halloumi caliente y sirve inmediatamente, acompañado de una ensalada de rúcula y pan de buena calidad.

# Brochetas de Jersey Royal, verduras de primavera y salsa verde

Esta receta celebra la nueva temporada de las patatas Jersey Royal, el brócoli de brotes morados y los primeros espárragos, que son un regalo para los pobres veganos y vegetarianos que con tanta frecuencia se quedan a dos velas en las barbacoas. Si prevés apetitos voraces, duplica las cantidades. Yo he sido conservadora, porque he asumido que habrá una variedad de ensaladas y de panes para acompañar a las brochetas. Tendrás que preparar la eternamente útil Salsa verde (p. 219), aunque también puedes variar y usar un pesto recién hecho.

**RECETA VEGANA**
**4 RACIONES ........ 8 BROCHETAS MEDIANAS**
**PREPARACIÓN ........ 20 MINUTOS**
**COCCIÓN ........ 15 MINUTOS**
**(MÁS LA ELABORACIÓN DE LA SALSA VERDE)**

1 ración de Salsa verde (p. 219)
300 g (10½ oz) de patatas nuevas pequeñas, preferiblemente Jersey Royal
250 g (9 oz) de brotes de brócoli morado, en trozos de 5 cm (2 in)
1 puñado de espárragos trigueros, en trozos de 5 cm (2 in)
100 g (3½ oz) de aceitunas verdes sin hueso
3 cucharadas de aceite de oliva
sal y pimienta negra recién molida

Si vas a usar brochetas de madera, ponlas en remojo en agua al menos 15 minutos, pero preferiblemente varias horas, antes de usarlas.

Mete las patatas en una olla mediana con mucha agua y una pizca generosa de sal. Lleva a ebullición y hierve a fuego lento 10-12 minutos o hasta que estén tiernas, pero en absoluto blandas o reblandecidas. Escúrrelas en un colador y pásalas a una ensaladera grande con el brócoli, los espárragos y las aceitunas enteras. Condimenta generosamente con pimienta y sazona con mucha moderación. Añade una cucharada de salsa verde y el aceite de oliva a la ensaladera y remueve con cuidado, para que las verduras queden bien untadas del aliño.

Seca las brochetas de madera y ensarta en ellas las verduras aliñadas y calcula dos brochetas por persona como una ración. Alterna las patatas y las aceitunas enteras con los trozos de espárrago y de brócoli.

Si no tienes una barbacoa de carbón en la que cocinar, calienta una plancha a fuego alto hasta que humee o precalienta el grill del horno a fuego medio. Si vas a usar el grill, coloca las brochetas en una bandeja de horno pintada en aceite. Haz las brochetas a la barbacoa, al grill o a la plancha 5-6 minutos. Dales la vuelta cuando haya pasado la mitad del tiempo. Mantenlas en el fuego hasta que las verduras siseen, estén tiernas y se hayan carbonizado en algunas zonas.

Sirve las brochetas junto a un plato con el resto de la salsa verde, para poder untar generosamente las verduras a medida que vayas comiendo.

# Tajín primaveral suave

Si sirves este tajín vibrante con la versión tramposa del cuscús de la receta, sé generoso con todo lo que decidas añadir (el cuscús seco y servido sin acompañamiento ni aliño es una imagen muy triste). Yo cubro el cuscús integral seco con caldo de verduras caliente, lo salpimiento y añado mantequilla (o aceite de oliva) para que sea más untuoso y dejo que se hinche unos minutos. Entonces, añado abundantes hierbas aromáticas frescas, ralladura de limón, almendras ahumadas troceadas, semillas de granada, orejones de albaricoque laminados, zumo de limón y menta, y remuevo bien.

Si quieres un plato apto para veganos, sustituye la mantequilla y la miel por aceite de oliva y jarabe de arce.

**4-6 RACIONES**
**PREPARACIÓN** ........ **25 MINUTOS**
**COCCIÓN** ........ **35 MINUTOS**

50 g (1¾ oz) de mantequilla
2 cucharaditas de semillas de comino, majadas
2 cucharaditas de semillas de cilantro, majadas
1 cucharada de pimentón dulce
1 cucharadita de cúrcuma molida
40 g (1½ oz) de raíz de jengibre fresca, rallada fina
3 puerros jóvenes pequeños, con los extremos cortados y en rodajas gruesas
2 dientes de ajo, majados
1 rama de canela
300 g (10½ oz) de patatas nuevas baby sabrosas, como La Ratte, partidas por la mitad
650 ml (23 fl oz) de caldo de verduras caliente
200 g (7 oz) de zanahorias baby lavadas y partidas por la mitad, si son grandes
3 limones en conserva, cada uno de ellos cortado en 8 cuñas
400 g (14 oz) de *flageolets* o de lentejas en conserva, escurridas
1 cucharada de miel
200 g (7 oz) de guisantes desgranados
200 g (7 oz) de tirabeques
90 g (3 oz) de aceitunas verdes grandes sin hueso
zumo de limón para condimentar (opcional)
1 puñadito de ramitas de menta
1 granada pequeña, solo los granos
sal y pimienta negra recién molida

Funde la mantequilla en una cazuela de barro grande a fuego más bien bajo. Añade las especias, el jengibre y los puerros y pocha a fuego bajo 5 minutos o hasta que los puerros se hayan vuelto translúcidos pero no hayan adquirido color. Añade el ajo, remueve y sofríe 1 minuto antes de añadir la canela, las patatas y el caldo. Sube el fuego para llevar el caldo a ebullición. Una vez haya roto a hervir, baja a fuego medio, tapa la cazuela y cuece 10 minutos.

Ahora, añade los limones en conserva (con la pulpa y todo), las zanahorias, los *flageolets* o las lentejas y la miel y prolonga la cocción 10 minutos.

Añade los guisantes o los tirabeques y las aceitunas verdes y cuece a fuego lento 5 minutos.

Comprueba el punto de sal y de pimienta y añade más si es necesario (también puedes añadir un poco de zumo de limón, aunque las cuñas de limón en conserva deberían ser suficientes). Retira del fuego y sirve con las hojas de menta y los granos de granada por encima y sobre un lecho del cuscús aderezado como se explica en la introducción.

# Bol de quinoa verde para desayunar

El título incluye la palabra «desayunar», lo que, en mi opinión, significa fin de semana, a no ser que dispongas de mucho tiempo por la mañana. Es un recordatorio de que las verduras, y sobre todo las verdes, son perfectamente adecuadas para comenzar el día, servidas con un aliño de harissa, huevos escalfados y yogur. También es un plato perfecto para un almuerzo o una cena ligeros.

**4 RACIONES**
**PREPARACIÓN** 10 MINUTOS
**COCCIÓN** 25-35 MINUTOS

150 g (5 oz) de quinoa
4 cebolletas, con la parte blanca y la parte verde cortadas en rodajas por separado
300 ml (10 fl oz) de caldo de verduras recién hecho
100 g (3½ oz) de cilantro, reserva unas ramitas y pica groseramente el resto
1 cucharada colmada de pasta de harissa
1 cucharadita de miel
2 limones
2 dientes de ajo, majados
1½ cucharaditas de ras el hanout
2 cucharadas de aceite de oliva
4 cabezas de romanesco baby (o el equivalente en brócoli), cortadas verticalmente en láminas de 2 cm (¾ in) de grosor
4 huevos muy frescos
150 g (5 oz) de yogur griego
sal y pimienta negra recién molida

**PARA SERVIR**

pan caliente sin levadura

Comienza por la quinoa verde. Calienta a fuego medio una sartén grande. Añade la quinoa y remuévela en la sartén 3-4 minutos o hasta que se haya oscurecido. Añade la parte blanca de la cebolleta en rodajas y el caldo y lleva a ebullición. Tapa la sartén y hierve a fuego bajo 15 minutos o hasta que los granos se abran y absorvan todo el líquido.

Pasa el cilantro picado grueso por un minirrobot de cocina y tritúralo hasta que quede picado muy fino (o májalo a mano). Añade la mitad de la quinoa y remueve. Vierte la otra mitad en un cuenco con la harissa y con la miel. Corta 1 limón en cuñas y reserva. Ralla finamente y añade la piel del otro limón y exprímelo sobre la mezcla, para hacer el aliño. Salpimienta al gusto.

Para el brócoli, mezcla el ajo, el aceite y el ras el hanout, salpimienta y pinta las rodajas de brócoli con el aceite especiado. Calienta una sartén grande a fuego alto hasta que empiece a humear. Dispón las rodajas de brócoli sobre la sartén en una sola capa y pon una sartén pesada (o algo similar) encima, para aplastarlas. Ásalas 2-3 minutos hasta que estén un poco carbonizadas, dales la vuelta y repite. Repite el proceso las veces que sea necesario hasta que hayas hecho todo el brócoli, y mantén las rodajas ya asadas en un plato y tapadas con papel de aluminio sin apretar.

Para escalfar los huevos, llena un cazo hondo con agua, calienta hasta que justo rompa a hervir y mantenlo a fuego bajo, como un ligero burbujeo. Casca con cuidado cada huevo en una taza pequeña y viértelos en el agua con mucho cuidado. Escálfalos 3-4 minutos, en función de lo hecha que te guste la yema. Retira los huevos con una rasera y deja que se escurran sobre papel de cocina.

Sirve el brócoli, el yogur y los huevos sobre la quinoa en boles poco profundos, reparte cucharadas de aliño por encima y acompáñalo de tallos de cilantro adicionales y de las cuñas de limón que has reservado. Esparce por encima la parte verde de la cebolleta en rodajas e introduce el pan sin levadura por un lado.

**NOTA**

Si los huevos son lo bastante frescos, cuajarán sin necesidad de remover el agua ni de añadir vinagre.

# Pad thai verde

Este plato se basa en un pad thai clásico (con salsa de pescado vegetariana), pero se le han añadido huevos revueltos, cacahuetes y un buen puñado de verduras de hoja verde. Es una magnífica cena para dos (así, puedes mantener el wok o la sartén lo bastante caliente para hacer el salteado como marca la tradición, sin hacer los fideos al vapor ni brasearlos). Y, una vez concluida la preparación, se hace en un momento.

**2 RACIONES**
**PREPARACIÓN** ........ **30 MINUTOS**
**COCCIÓN** ........ **20 MINUTOS**

100 g (3½ oz) de tallarines de arroz integral
50 g (1¾ oz) de cacahuetes sin sal
4 cucharadas de puré de tamarindo
4 cucharadas de salsa de pescado vegetariana
1½-2 cucharadas de azúcar de palma o de azúcar moreno suelto, al gusto
½ cucharadita de guindilla en polvo
3 cucharadas de aceite de cacahuete
300 g (10½ oz) de verduras de hoja verde, como pak choy (bok choi), choy sum, acelgas, kale, cavolo nero, mostaza china u hojas de espinaca maduras, a tiras
2 dientes de ajo, picados finos
3 huevos grandes
100 g (2½ oz) de brotes de soja
2 cucharadas de cuchay o de las hojas verdes de cebolleta, picadas

**PARA SERVIR**

1 chile rojo, en rodajas finas
cuñas de lima
salsa picante (opcional)

Para empezar, pon los tallarines de arroz en remojo en abundante agua templada unos 20 minutos. Así se ablandarán lo suficiente para que sean flexibles, pero no se cocerán.

Mientras, precalienta el horno a 190 °C (375 °F/gas 5), esparce los cacahuetes sobre una bandeja de horno y tuéstalos 7 minutos. Sacude la bandeja cuando haya transcurrido la mitad del tiempo y hornea hasta que se hayan dorado. Deja que se enfríen y pícalos o májalos finos.

Vierte el puré de tamarindo, la salsa de pescado vegetariana y 1 cucharada de azúcar en un cazo pequeño con 1 cucharada de agua. Calienta a fuego bajo 5 minutos y añade la guindilla en polvo. Prueba la salsa y añade el resto del azúcar, si es necesario. Debería haber un buen equilibrio de sabor salado, ácido, dulce y picante.

Escurre los tallarines muy bien. Ten la salsa de tamarindo a mano, junto al resto de ingredientes que has preparado y un plato pequeño con agua.

Calienta un wok a fuego alto y añade 2 cucharadas de aceite de cacahuete. Cuando empiece a humear, añade las verduras y sofríelas 1-2 minutos hasta que se empiecen a pochar (el tiempo dependerá de las verduras que hayas elegido). Añade el ajo y sofríe 1 minuto más. Añade la mitad de la salsa de tamarindo y vuelca los tallarines en el wok. Remueve hasta que los tallarines se empiecen a ablandar y añade un poquito de agua si se pegan. Prueba el plato y añade parte o toda la salsa si es necesario.

Empuja los tallarines a un lado del wok y añade el resto del aceite. Casca los huevos en la base y remueve para que cuajen, revueltos, antes de convertirse en una tortilla. Remueve y mezcla los tallarines y el huevo, añade la mitad de los cacahuetes, los brotes de soja y el cuchay al mismo tiempo. Remueve hasta que los brotes de soja se hayan vuelto translúcidos y sirve los tallarines con el resto de los cacahuetes y la guindilla laminada por encima. Añade las cuñas de lima para acompañar y ofrece la salsa picante, si quieres.

# Rollitos de verano en primavera

La imagen muestra una versión de la salsa Nuoc cham vegana (p. 219) en la que untar los rollitos de verano, pero la sedosa salsa satay que encontrarás en la receta de los Boles satay de tofu y anacardo especiados con trigueros a la plancha y edamame (p. 110) es una adición muy recomendable. Varía a tu gusto los ingredientes del relleno de los rollitos de verano. Estos son muy ligeros y evocan una primaveral ensalada verde y ligera para que te sirva de modelo para otras verduras crudas, pero el tofu marinado, los fideos vermicelli cocidos, el aguacate laminado, los espárragos a la plancha o las tiras de boniato a la brasa son complementos ideales.

**RECETA VEGANA**
**4 RACIONES** ........ **PARA PICAR O COMO PRIMER PLATO LIGERO**
**PREPARACIÓN** ........ **40 MINUTOS**
**COCCIÓN** ........ **5 MINUTOS**

1 ración de Nuoc cham vegana (p. 219), rematada con 1-2 chiles ojo de pájaro en rodajas finas
12 obleas de papel de arroz
120 g (4 oz) de brotes de soja
½ pepino grande, sin semillas y cortado en palitos finos como cerillas
4 cebolletas, cortadas en tiras de 6 cm (2½ in) y en juliana
24 tirabeques, cortados por la mitad longitudinalmente
1 puñado de brotes de guisante
1 puñado de hojas de albahaca tailandesa
1 puñado de hojas de menta
1 puñado de hojas de cilantro

**PARA SERVIR**

60 g de cacahuetes o de anacardos, tostados y picados (opcional)
12 hojas de lechuga iceberg (opcional)

Prepara la salsa siguiendo la receta de la página 219 y añade los 1-2 chiles ojo de pájaro verdes en rodajas finas, según lo que te guste el picante.

Sirve la salsa y los frutos secos picados opcionales en recipientes pequeños y tenlos listos para que puedas ir untando los rollitos de verano a medida que vayas comiendo.

Para los rollos de verano, sumerge cada oblea de papel de arroz en un bol de agua tibia unos segundos, hasta que pierda la rigidez y se empiece a ablandar. Sacúdela para que se seque y disponla sobre un trapo de cocina húmedo estirado sobre una tabla de cortar: así te será más fácil enrollar los rollitos sin que se peguen.

Dispón una duodécima parte de los ingredientes del relleno en un montoncito ordenado en el extremo más próximo a ti y deja un margen de 2-3 cm (1 in) a cada lado. Intenta que la verdura quede bonita a través de la oblea transparente y haz que un par de trozos queden bien alineados a lo largo, de modo que se vean una vez hayas hecho el rollito, pero tampoco te preocupes demasiado. Es una operación que exige destreza y práctica. Pliega los extremos de la oblea y enróllala hacia el extremo más alejado de ti con cuidado pero con tanta firmeza como puedas, y empezando por el extremo del relleno para formar un cilindro con extremos plegados. Repite con las once obleas de papel de arroz restantes.

Si quieres que queden más crujientes, envuelve los rollos en hojas de lechuga iceberg para comerlos así y sírvelos inmediatamente.

# Ensalada de patatas nuevas aplastadas con queso azul y endibias

Delicioso, delicioso, delicioso. Contando con que te gusten las patatas bien calientes, aplastadas y con la piel crujiente, el queso azul fundido y las hojas de endibia, todo ello regado con un aliño de rábano y mostaza dulce, claro está.

**4 RACIONES**
**PREPARACIÓN** ........ **25 MINUTOS**
**COCCIÓN** ........ **40 MINUTOS**

500 g (1 lb 2 oz) de patatas nuevas baby, con la piel limpia
6 cucharadas de aceite de oliva virgen extra
2 cucharaditas de hojas de romero picadas finas
150 g (5 oz) de queso azul, por ejemplo Stilton, desmenuzado
1 cucharada colmada de mostaza a la antigua
el zumo de 1 limón
2 cucharaditas de miel
3 endibias pequeñas, con las bases cortadas y las hojas separadas
100 g (3½ oz) de rábanos, en láminas muy finas
4 cebolletas, en láminas finas o en juliana
2 cucharadas de cebollino picado fino
sal y pimienta negra recién molida

Precalienta el horno a 200 °C (400 °F/gas 6).

Hierve las patatas 15 minutos a fuego lento en una olla con mucha agua salada. Escúrrelas bien, vuélcalas en una fuente de horno grande y aplástalas cuidadosamente con la base de un tarro sólido. Riégalas con 2 cucharadas de aceite, salpimienta bien (sé especialmente generoso con la pimienta negra) y esparce romero por encima. Ásalas 15 minutos, esparce por encima el queso desmenuzado y vuelve a meterlas en el horno 10 minutos más o hasta que el queso burbujee y las patatas se hayan dorado.

Mientras, mezcla las 4 cucharadas de aceite que quedan con la mostaza, el zumo de limón y la miel y salpimienta al gusto. Mezcla con cuidado las hojas de endibia con el rábano laminado, el aliño, las patatas, el resto del queso, la cebolleta y el cebollino en una bandeja. Sirve mientras las patatas aún estén calientes.

# Ensalada de espárragos trigueros, remolacha e hinojo a tiras con arroz salvaje y aliño de mostaza dulce

En esta ensalada multicolor, las verduras tiernas y primaverales aparecen cuidadosamente laminadas (ve desempolvando la mandolina) y se disfrutan crudas. Al fin y al cabo, los espárragos trigueros no siempre se tienen que hacer al vapor o a la brasa. Lo mismo sucede con la remolacha. La clave reside en transformar la verdura en láminas muy finas. El aliño de jarabe de arce y de mostaza lo armoniza todo y no resulta empalagoso en absoluto con tanta textura crujiente y fresca y el arroz salvaje con aroma a avellana.

Recuerda que, si quieres acortar el tiempo de cocción del arroz salvaje, puedes meterlo en un recipiente refractario la víspera y cubrirlo generosamente con agua hirviendo. Déjalo así en remojo 12 horas, o toda la noche. Luego, escúrrelo y cuécelo como indica la receta, pero usa solo 300 ml (10 fl oz) de agua y hiérvelo 20 minutos o hasta que esté tierno.

**RECETA VEGANA**
**2 RACIONES** ........ **COMO PLATO PRINCIPAL O 4 COMO ACOMPAÑAMIENTO**
**PREPARACIÓN** ........ **30 MINUTOS**
**COCCIÓN** ........ **1 HORA**

120 g (4 oz) de arroz salvaje
1 bulbo de hinojo, recortado, reserva las hojas
1 puñado de cubitos de hielo
3 remolachas pequeñas, preferiblemente de distintos colores, como roja y a rayas
150 g (5 oz) de espárragos trigueros, con las bases cortadas
100 g (3½ oz) de rábanos, en láminas muy finas
sal y pimienta negra recién molida
½ cestito de berros hortelanos, cortados

**PARA EL ALIÑO**

2 cucharaditas de jarabe de arce
½ cebolla redonda pequeña, picada muy fina
½ diente de ajo, majado
1 cucharadita de eneldo, picado fino
la ralladura fina y el zumo de 1 limón grande
4½ cucharadas de aceite de oliva virgen extra
1 cucharada de mostaza de Dijon

Pon el arroz en un cazo mediano y añade 450 ml (15¾ fl oz) de agua. Lleva a ebullición, añade una pizca de sal y tapa parcialmente. Hierve a fuego lento 45 minutos o hasta que el arroz haya absorbido toda el agua. Los granos negros deberían estar al dente y haber empezado a abrirse y a revelar el interior pálido. Tapa el cazo y reserva el arroz 15 minutos, se seguirá cociendo.

Mientras, lamina toda la verdura, idealmente con una mandolina o, si no tienes, con un cuchillo muy afilado o un pelador de verduras.

Parte el bulbo de hinojo por la mitad, corta la parte de la raíz más dura y córtalo en láminas tan finas como te sea posible. Pasa las láminas a una ensaladera grande, cúbrelas con agua fría y añade un puñado de cubitos de hielo para que las láminas de hinojo se vuelvan crujientes y se ricen. Trocea las hojas de hinojo y resérvalas.

Pela la remolacha y córtala en láminas finas como el papel. Usa el pelador de verduras para cortar los espárragos en láminas largas y finas, de punta a punta.

Para el aliño, mezcla el jarabe de arce, 2 cucharadas de agua, la cebolla roja, el ajo, el eneldo, la ralladura y el zumo de limón, el aceite de oliva virgen extra y la mostaza de Dijon. Salpimienta al gusto.

Escurre el hinojo en un colador y sécalo dándole toquecitos con un trapo de cocina limpio. Vuelca toda la verdura que has preparado en una ensaladera grande, añade el arroz templado y la mitad del aliño. Remueve bien.

Reparte la ensalada en dos platos grandes o cuatro pequeños, espolvorea el berro hortelano cortado por encima y riega con el resto del aliño.

# Remolacha baby con yogur y hierbas



Sea del color que sea, la remolacha quedará ideal en este entrante primaveral bonito y sencillo; no te preocupes si no encuentras la variedad rayada. Las remolachas pequeñas están más dulces y son mejores en esta época del año, pero si usas remolachas más grandes y no tan jóvenes, cuece cuatro de ellas 1 hora, como se indica a continuación, antes de cortarlas en cuñas.

**4 RACIONES** ........ **COMO ENTRANTE**
**PREPARACIÓN** ........ **10 MINUTOS**
**COCCIÓN** ........ **50 MINUTOS**

12 remolachas a rayas pequeñas y de varias tonalidades, con la piel frotada y limpia y con las hojas más jóvenes reservadas
2 dientes de ajo
4 cucharadas de aceite de oliva virgen extra, y un poco más para aliñar
4 cucharadas de vinagre de vino tinto
6 ramitas de tomillo limonero, y unas hojas más para servir
1 ramillete de hierbas aromáticas de primavera y de hojas para ensalada, como eneldo, menta, brotes de guisante y tomillo
300 g (10½ oz) de yogur griego elaborado con leche de cabra (o yogur griego estándar)
sal y pimienta negra recién molida

Precalienta el horno a 190 °C (375 °F/gas 5).

Deposita las remolachas y los dientes de ajo en el centro de un gran cuadrado de papel de aluminio. Eleva ligeramente los bordes para formar un bol y riega con 2 cucharadas de aceite de oliva, la mitad del vinagre y 2 cucharadas de agua. Añade las ramitas de tomillo y junta y aprieta los bordes del papel de aluminio para formar un hatillo suelto, pero completamente cerrado. Deposítalo sobre una bandeja de horno y asa unos 50 minutos o hasta que las remolachas estén tiernas cuando las pinches con un cuchillo afilado.

Abre el hatillo con cuidado para que no se derrame ni una gota del jugo rosa que contiene. Vierte el líquido en un bol pequeño, añade el ajo asado y aplástalo para que se mezcle con el aliño. Añade las 2 cucharadas de aceite de oliva y de vinagre que quedan, remueve, comprueba el punto de sal y de pimienta y rectifícalo si es necesario.

Frota o retira con suavidad la piel de las remolachas y córtalas por la mitad o a cuartos, en función del tamaño que tengan.

Añade una buena pizca de sal al yogur para condimentarlo y repártelo en platos hondos pequeños. Con una cuchara, sirve la remolacha templada sobre las hierbas aromáticas, los brotes y hojas para ensalada y las hojas de remolacha que hayas guardado. Riega con el llamativo aliño rojo y remata con un chorrito adicional de aceite de oliva de buena calidad.

# Zanahorias arcoíris asadas con aceitunas, espelta y estragón

He aquí un arcoíris de zanahorias baby de temporada, asadas y condimentadas con una especie de tabulé de estragón, espelta y aceitunas. Es más un acompañamiento para comer con otros deliciosos alimentos primaverales, como requesón de cabra o, quizás, espárragos trigueros asados o habas recién cogidas, aunque nada te impide disfrutarlo como un relajado plato principal para dos o duplicar la cantidad de espelta para darle más cuerpo.

**4 RACIONES** ........ **COMO ENTRANTE**
**PREPARACIÓN** ........ **20 MINUTOS**
**COCCIÓN** ........ **45 MINUTOS**

450 g (1 lb) de zanahorias baby, con la piel frotada
6 cucharadas de aceite de oliva virgen extra
2 chalotas o cebollas escalonias, cortadas por la mitad y picadas finas
2 dientes de ajo, picados finos
150 g (5 oz) de espelta perlada
la ralladura y el zumo de 1 naranja pequeña
1½ cucharadas de vinagre de Jerez
1 cucharadita de miel o de jarabe de arce
1 pizca de copos de chile
90 g (3 oz) de aceitunas Kalamata, deshuesadas y en rodajas
1 puñado de frondas de zanahoria, perifollo o perejil, picadas finas
1 puñadito de estragón, picado fino
sal y pimienta negra recién molida

Precalienta el horno a 200 °C (400 °F/gas 6).

Unta las zanahorias con 1½ cucharadas de aceite de oliva y salpimiéntalas generosamente. Extiéndelas sobre una bandeja de horno y ásalas 30-35 minutos. Sacúdelas en la bandeja cuando haya transcurrido la mitad del tiempo y sácalas cuando siseen y estén caramelizadas y tiernas.

Mientras, calienta en un cazo mediano y a fuego medio-bajo 1½ cucharadas de aceite de oliva. Añade las chalotas y una pizca de sal y sofríelas unos 7 minutos, hasta que se empiecen a pochar. Añade el ajo y sofríe 1 minuto más. Vuelca la espelta y remueve, para que los granos se impregnen de aceite. Añade 400 ml (13 fl oz) de agua, lleva a ebullición, tapa el cazo y deja que hierva a fuego bajo 35 minutos o hasta que los granos estén tiernos y hayan absorbido toda el agua. Reserva el cazo tapado.

Prepara un aliño ligero mezclando las 3 cucharadas de aceite de oliva que quedan con la ralladura y el zumo de naranja, el vinagre de Jerez, la miel y los copos de chile.

Añade las aceitunas, las frondas de zanahoria picadas y casi todo el estragón picado a la espelta y remueve. Sirve la mezcla sobre las zanahorias, ya sea en la misma bandeja de horno o en una fuente para servir. Remata con el aliño de naranja. Esparce por encima las hojas de estragón restantes y sirve, caliente o frío.

# Ensalada de kale, manzana y sésamo con tofu

¿Qué sería un libro vegetariano que celebra las verduras sin una receta vegana de ensalada de kale? Masajear el kale con el aliño y dejarlo reposar unos minutos hará que las hojas crudas se ablanden. Aprovecha el aliño que te sobre para untar zanahoria o hinojo crudos o para aliñar todo tipo de ensaladas de repollo.

**RECETA VEGANA**
**2-3 RACIONES**
**PREPARACIÓN ........ 30 MINUTOS**

**PARA LA ENSALADA**

2 chalotas pequeñas, en rodajas muy finas
1 buena pizca de sal
300 g (10½ oz) de hojas de cavolo negro o de una variedad de kale similar, retirando los tallos duros y con las hojas cortadas en juliana
2 manzanas crujientes (de postre), sin el corazón si lo prefieres y en rodajas finas como el papel
200 g (7 oz) de tofu Taifun ahumado con almendras y semillas de sésamo, o un tofu firme parecido, en lonchas
1 cucharada de semillas de sésamo tostadas

**PARA EL ALIÑO**

20 g (¾ oz) de raíz de jengibre fresca, pelada y picada gruesa
1 diente de ajo, picado grueso
el zumo de 1 limón grande
2½ cucharadas de aceite de sésamo tostado
1 cucharada de tahina ligera bien removida
1 cucharada de jarabe de arce o de melaza de dátil
sal y pimienta negra recién molida

Comienza por poner las chalotas en remojo 10 minutos en un bol de agua fría con una pizca de sal, para quitarles el amargor. Escúrrelas y sécalas dándoles toquecitos con un trapo de cocina limpio.

Para el aliño, introduce en el vaso de una batidora o de un minirrobot de cocina todos los ingredientes y 4 cucharadas de agua templada. Tritura hasta obtener una consistencia lisa y añade más sal y pimienta si es necesario.

Pon el kale en una ensaladera y vierte la mitad del aliño. Lávate las manos y masajea las hojas de kale con firmeza 2 minutos. Deja reposar unos 5 minutos, para que las hojas se ablanden.

Añade la manzana, el tofu, las chalotas y las semillas de sésamo a la ensaladera con el kale, remueve bien y sirve. Aliña con el resto del aliño.

# Bagel vegetal multicolor

Más que una receta, es una idea para dar una nueva imagen al clásico bocadillo vegetal, que aquí adopta la guisa de bagel multicolor. Si solo vas a incluir parte de los ingredientes, que sea la crema de aguacate, albahaca y queso de cabra. La combinación es deliciosa ya sea en wraps, bocadillos o tostadas, y es especialmente útil para los que adoran los bocadillos vegetales pero detestan la mayonesa.

**2 RACIONES**
**PREPARACIÓN ........ 15 MINUTOS**

2 zanahorias, frotadas y ralladas gruesas
1 remolacha, frotada y en láminas finísimas
50 g (1¾ oz) de rábano, preferiblemente uno grande, en láminas finísimas
2 cucharadas de zumo de limón
1 aguacate grande muy maduro, cortado por la mitad y deshuesado
1 cucharada de albahaca, picada finamente y con algunas hojas adicionales enteras para servir
100 g (3½ oz) de queso de cabra cremoso
2 bagels multicereales integrales, cortados horizontalmente por la mitad
1 puñadito de brotes de alfalfa
1 puñadito de brotes o de microverdes variados, como rábano, girasol, albahaca o acelgas
sal y pimienta negra recién molida

Dispón la zanahoria rallada y las láminas de rábano y de remolacha en tres boles separados o en tres montoncitos sobre la tabla de cortar. Alíñalos con una cucharadita de zumo de limón.

Para preparar la crema de aguacate, extrae la pulpa del aguacate maduro con una cuchara y ponla en un bol. Añade la cucharada de zumo de limón que queda, pimienta negra y una pizca de sal. Bate con un tenedor hasta que obtengas una crema lisa y luego añade la albahaca y el queso de cabra cremoso. Sigue batiendo con el tenedor hasta que obtengas una crema de color verde claro con motitas de hierbas.

Tuesta ligeramente los bagels (en una plancha a fuego alto, si no tienes tostadora) y unta generosamente la cara interior de las rebanadas con la crema de aguacate (¡evita el orificio central!). Sobre la mitad inferior, dispón en capas los brotes de alfalfa, la zanahoria rallada, las láminas de rábano, las láminas de remolacha, los brotes variados y un par de las hojas de albahaca que has reservado. Para terminar, coloca encima con cuidado la parte superior del bagel, untada con crema de aguacate, y presiona con suavidad. Disfrútalo sin esperar mucho, mientras todo sigue crujiente y fresco.

# Tostada de rábanos con mantequilla de pistachos y aceitunas verdes

Prueba a acompañar los rábanos con esta mantequilla de pistachos tostados y aceitunas. Esta es una versión ligeramente más compleja de la tostada de rábanos y mantequilla con sal, pero funciona excepcionalmente bien y obtendrás unos canapés sustanciosos.

**4-6 RACIONES** ..... **COMO CANAPÉ**
**PREPARACIÓN** ..... **20 MINUTOS**
**COCCIÓN** ..... **8 MINUTOS**

50 g (1¾ oz) de pistachos sin sal y sin cáscara
50 g (1¾ oz) de aceitunas muy verdes, sin hueso y picadas finas
1 cucharadita de menta fresca, picada fina y reservando algunas hojas para servir
75 g (2½ oz) de mantequilla sin sal, muy blanda
1 barra de pan integral pequeña, en rebanadas tostadas
150 g (5 oz) de rábanos, en láminas finísimas
sal y pimienta negra recién molida

Precalienta el horno a 190 °C (375 °F/gas 4).

Tuesta los pistachos en una sartén sin aceite 7-9 minutos o hasta que se hayan dorado y empiecen a emitir fragancia. Espera a que se enfríen y pícalos finamente. Mézclalos con las aceitunas, la menta y la mantequilla blanda en un bol y salpimienta generosamente con pimienta negra y un poco de sal.

Unta las tostadas aún calientes con la mantequilla (sé muy generoso) y dispón encima las finas láminas de rábano. Antes de servir, espolvorea un poco de sal marina y de pimienta negra por encima. Y ya está.

# Tortilla de verduras al estilo vietnamita

Este desayuno está inspirado en el *banh xeo* vietnamita, una crepe de harina de arroz doblada que aquí adopta la forma de una sencilla tortilla. Soy muy aficionada a los desayunos salados basados en verduras o en ensalada, diga lo que diga al respecto la convención occidental actual. A mí me parece una obviedad que aprovechemos el desayuno para ingerir alimentos deliciosos y nutritivos, siempre que el tiempo lo permita. Es posible que esta receta sea más práctica para los desayunos de fin de semana, aunque también es excelente como almuerzo o cena ligeros.

**2 RACIONES**
**PREPARACIÓN ........ 20 MINUTOS**
**COCCIÓN ........ 10 MINUTOS**

**PARA LAS TORTILLAS**

6 huevos
2 cucharaditas de salsa de soja ligera
½ cucharadita de cúrcuma molida
2 chiles rojos, en rodajas finas
5 cebolletas, en rodajas finas
2 cucharadas de aceite de cacahuete
sal y pimienta negra recién molida

**PARA EL RELLENO**

100 g (3½ oz) de brotes de soja
4 cebolletas, en juliana
2 zanahorias, peladas y en láminas longitudinales
1 puñado grande de albahaca tailandesa, cilantro y hojas de menta, en cualquier combinación

**PARA SERVIR**

1 lechuga romana, con las hojas separadas
½ pepino, en rodajas
50 g (1¾ oz) de cacahuetes, tostados y molidos
salsa picante

Bate ligeramente los huevos con la salsa de soja, la cúrcuma, la mitad del chile, la mitad de las cebolletas y un poco de sal y pimienta.

Prepara y deja a tu alcance los ingredientes del relleno antes de empezar a cocinar los huevos.

Para cada tortilla, calienta a fuego medio 1 cucharada de aceite en una sartén antiadherente grande. Añade una pizca de sal. Vierte la mitad del huevo batido y haz girar la sartén con suavidad para que se reparta uniformemente. Mantén en el fuego hasta que la parte inferior se dore y la parte superior se empiece a cuajar. Dale la vuelta, pasa la tortilla a un plato y rellena con la mitad de la ensalada. Dobla la tortilla por la mitad, para darle forma de medialuna. Repite el proceso con el resto del huevo para hacer una segunda tortilla.

Sirve las tortillas con los cacahuetes molidos, el resto de las rodajas de chile y de cebolleta y la salsa picante. Usa las hojas de lechuga para envolver o contener los trozos de tortilla y del relleno a medida que comas. Mójalas en la salsa picante y los cacahuetes molidos.

# Ensalada de miso y zanahoria con guisantes crujientes y hummus de zanahoria

Esta nutritiva ensalada hará las delicias de todos los amantes del hummus (¿no somos la mayoría?) que se la encuentren para comer o cenar. El hummus incluye parte de las zanahorias asadas, y los garbanzos tostados y especiados añaden textura crujiente, además de sabor. Me recuerda a los días álgidos del Cranks Café de Londres. Cualquier variación de semillas crujientes y tostadas con soja o chile en lugar de las pipas de girasol que sugiero en la receta quedará bien también, pero a mí me gusta combinar la pipas de girasol y las zanahorias porque son de la misma familia.

**RECETA VEGANA**
**4 RACIONES**
**PREPARACIÓN** ........ **25 MINUTOS**
**COCCIÓN** ........ **40 MINUTOS**

1 cucharada de pasta de miso blanco
el zumo de 1 naranja grande
el zumo y la ralladura fina de 2 limones
1 cucharada de sirope de arce o miel vegana (o miel de abejas, si puedes tomarla)
1 cucharadita de copos de chile
2 cucharadas de salsa de soja ligera
2 cucharadas de aceite de sésamo tostado
12 zanahorias grandes (aprox. 1,4 kg/3 lb) cortadas longitudinalmente por la mitad, según el tamaño
2 cucharadas de aceite de cacahuete o de girasol
4 cucharadas de pipas de girasol
1 cucharadita de pimentón ahumado picante
2 botes de garbanzos cocidos de 400 g (14 oz), escurridos y enjuagados por separado y reservando el líquido (aquafaba) de uno de los botes
2 cucharadas de tahina bien removida
2 dientes de ajo, picados gruesos
sal y pimienta negra recién molida

**PARA SERVIR**

1 puñado de brotes de girasol
hojas de endibia roja y brotes de berros
un cereal, como espelta o cebada, cocido (opcional)

**NOTA**

Muchos supermercados venden brotes de girasol, pero si no los encuentras, sustitúyelos por berros hortelanos o por cualquier otro brote o microverde.

Precalienta el horno a 200 °C (400 °F/gas 6).

Para el aliño, mezcla el miso, el zumo de naranja, el zumo de 1 limón y la ralladura de 2, la miel, los copos de chile, la salsa de soja y el aceite de sésamo. Unta las zanahorias con 2 cucharadas de esta mezcla y con una cucharada adicional de aceite de cacahuete. Asa las zanahorias 30 minutos.

Esparce las pipas y el pimentón sobre todas las zanahorias, excepto 4 mitades, y vuelve a meterlas en el horno 10 minutos más o hasta que las semillas se hayan dorado y las zanahorias estén tiernas y caramelizadas.

Mientras, distribuye uno de los botes de garbanzos escurridos y enjuagados sobre otra bandeja de horno y riégalos con 2 cucharadas del aliño y 1 cucharada de aceite de cacahuete. Ásalos 20-25 minutos, hasta que se doren y los bordes se vuelvan crujientes.

Introduce las 4 mitades de zanahoria sin pipas ni pimentón en un robot de cocina junto al otro bote de garbanzos y 4 cucharadas del aquafaba que has reservado, la tahina, el ajo y el zumo del otro limón. Salpimienta y tritura hasta que la textura sea completamente homogénea y sedosa.

Sirve las zanahorias asadas acompañadas del hummus y de los brotes de girasol, junto a una ensalada de endibias y berros y los cereales cocidos, si has decidido incluirlos. Aliña cada plato con un poco del aliño que haya sobrado.

# Tortillas de maíz con habas, calabaza, aguacate y rábano encurtido

¿No son preciosas estas tortillas de maíz? Celebran por todo lo alto las habas desgranadas y repeladas para que puedan presumir del intenso verde interior. Son tan deliciosas como bonitas y, en mi opinión, los rábanos encurtidos y la crema de aguacate son ingredientes esenciales.

**4 RACIONES** ........ **20 UNIDADES**
**PREPARACIÓN** ........ **40 MINUTOS**
**COCCIÓN** ........ **50 MINUTOS**

200 g (7 oz) de habas desgranadas
600 g (1 lb 5 oz) de calabaza violín, en dados de 2 cm (¾ in)
2 cucharadas de aceite de oliva
1 cucharadita de orégano seco
2 cucharaditas de semillas de cilantro, majadas
½ cucharadita de copos de chile o de pimentón ahumado
100 g (3½ oz) de rábanos, en láminas finas
2 cucharadas de vinagre de vino tinto
½ cucharadita de azúcar glas
2 aguacates grandes maduros, cortados por la mitad y deshuesados
el zumo de 1 lima grande
1 puñado de hojas de cilantro
20 tortillas de maíz de 10 cm (4 in) de diámetro
4 cebolletas, sin las hojas y en juliana
100 g (3½ oz) de queso Wensleydale o feta, desmenuzado
sal y pimienta negra recién molida

**PARA SERVIR**

salsa picante

Blanquea las habas desgranadas en agua hirviendo 1-2 minutos. Escúrrelas en un colador, enjuágalas bajo el grifo de agua fría y «repélalas» haciendo una incisión en la piel exterior con la punta de un cuchillo afilado y desenfundando las habas verde esmeralda. Guárdalas en el frigorífico hasta que las necesites.

Precalienta el horno a 200 °C (400 °F/gas 6).

Unta los dados de calabaza con aceite de oliva, orégano, semillas de cilantro y copos de chile o pimentón. Ásalos 35-40 minutos o hasta que se caramelicen y estén tiernos. Espera a que se enfríen y, entonces, mézclalos con las habas repeladas.

Para encurtir el rábano, mételo en un contenedor no reactivo (los de cerámica o plástico son ideales) con el vinagre de vino tinto, el azúcar y una buena pizca de sal. Deja marinar 15 minutos.

Mete el aguacate, el zumo de lima y la mitad de las hojas de cilantro en el vaso de un robot de cocina. Tritura hasta que obtengas un puré mantecoso y salpimienta al gusto. Añade más zumo de lima si es necesario.

Tuesta las tortillas de maíz en una sartén sin aceite a fuego muy alto y usa unas pinzas para darles la vuelta hasta que estén tostadas por ambos lados e incluso se hayan caramelizado ligeramente por ambos lados. Tardarás sobre 1 minuto por cada lado.

Dispón las tortillas tostadas en una bandeja para servir y cúbrelas con una cucharadita colmada de crema de aguacate seguida de una cucharada de dados de calabaza tostados y habas, rábanos escurridos, el resto de las hojas de cilantro, cebolletas y queso desmenuzado. Si te gusta, sirve las tortillas con salsa picante.

# Bolitas de tofu, miso y habas

¿Hay una manera más delicada de aludir a estas maravillas de tofu, jengibre, algas, habas y arroz? Ni «albóndigas» ni «falafel» me acaban de encajar del todo. Las llamemos como las llamemos, son peculiares, muy ricas en proteínas y deliciosas, sobre todo servidas con una ensalada de pepino y jengibre encurtidos, aguacate, sésamo, etc. Si te es más fácil o si no tienes paciencia para «repelar» las habas, sustitúyelas por garbanzos. Un apunte sobre las habas: necesitarás unos 500-550 g (1 lb 2-3½ oz) con la vaina para conseguir 400 g (14 oz) de habas, que quedarán en unos 250 g (9 oz) una vez las hayas repelado.

**4 RACIONES** ... **SALEN UNAS 20-24 BOLITAS**
**PREPARACIÓN** ... **30 MINUTOS**
**COCCIÓN** ... **25 MINUTOS**

**PARA LAS BOLITAS**

400 g (14 oz) de habas desgranadas
450 g de tofu extrafirme, escurrido y en dados
2 dientes de ajo, majados
20 g (¾ oz) de raíz de jengibre fresca, pelada y picada
2 cucharadas de pasta de miso blanco
250 g (9 oz) de arroz integral cocido y bien escurrido (puede ser de un vaso para microondas)
2 cucharadas de alga nori en escamas
5 cebolletas, sin las hojas y picadas finas (quizás necesites un poco más, en juliana, para servir)
2 cucharadas de aceite de sésamo tostado
sal y pimienta negra recién molida

**PARA LA ENSALADA**

½ pepino grande, pelado, cortado por la mitad, sin semillas y en dados pequeños
30 g (1 oz) de jengibre encurtido, escurrido y reservando el líquido
2 cucharaditas de pasta de wasabi
1 cucharada de zumo de lima
4 cucharadas de mayonesa
2 aguacates maduros grandes, cortados por la mitad y deshuesados
50 g (1¾ oz) de brotes de berros
2 cucharadas de semillas de sésamo tostadas
6 cebolletas, sin las hojas verdes y en juliana

Precalienta el horno a 190 °C (375 °F/gas 5).

Comienza por mezclar los dados de pepino y el líquido del jengibre encurtido. Remueve y reserva.

Blanquea las habas desgranadas en agua hirviendo 1-2 minutos. Escúrrelas en un colador, enjuágalas bajo el grifo de agua fría y «repélalas» haciendo una incisión en la piel exterior con la punta de un cuchillo afilado y desenfundando las habas. Guárdalas en el frigorífico hasta que las necesites.

Para las bolitas de tofu, pon los dados de tofu en el vaso de un robot de cocina. Tritura hasta que hayas conseguido una textura homogénea y se empiece a aglutinar (1-2 minutos). Ahora, añade el ajo, el jengibre, el miso, una cantidad generosa de pimienta y una pizca de sal. Vuelve a triturar para integrar bien todos los ingredientes y desmenuzar el jengibre. Para terminar, añade las habas, el arroz, el alga nori en escamas y la cebolleta. Tritura de nuevo hasta que las habas se hayan distribuido y hayan otorgado un color verde pálido a la mezcla. Lávate las manos y forma unas 20-24 bolitas del tamaño de nueces.

Deposita las bolitas en una bandeja de horno grande forrada con papel de horno y vierte un poco de aceite por encima. Hazlas rodar para que se unten bien. Dispón las bolitas a espacios regulares y hornea 25 minutos o hasta que hayan adquirido un tono dorado pálido y siseen.

Escurre el exceso de líquido del pepino, que ahora debería llevar unos 30 minutos marinándose. En un bol, mezcla el pepino con la pasta de wasabi, el zumo de lima y la mayonesa.

Sirve las bolitas, calientes o a temperatura ambiente, en platos hondos anchos, acompañadas con las mitades de aguacate, los berros, el pepino «encurtido», el jengibre encurtido y la mayonesa de wasabi. Esparce por encima las semillas de sésamo y añade la cebolleta en juliana para terminar el plato.

# VERANO

# VERDURAS DE TEMPORADA

- Alcachofas
- Berenjenas
- Remolacha
- Habas
- Chiles
- Calabacines
- Zanahorias tempranas
- Hinojo
- Judías verdes
- Ajo
- Colinabo
- Lechuga y otras hojas para ensalada
- Tirabeques
- Patatas nuevas
- Cebollas
- Pak choy (bok choi)
- Guisantes
- Pimientos
- Legumbres (frescas)
- Judías verdes planas
- Hierbas aromáticas frescas
- Acedera
- Maíz
- Tomates

Ya están aquí: llegamos al punto álgido del crecimiento y de los sabores cálidos como el sol que nos ofrece todo un tesoro de verduras maduras y de hojas grandes. Las legumbres y las vainas abarrotan las enredaderas de las que crecen. Las remolachas son pequeñas y dulces, como las zanahorias multicolores baby; el ajo es morado, rechoncho y suave, por lo que se puede majar y añadir a todo; los tomates vuelven a saber a tomate. Gran parte de la cosecha es abundante, pero lo cosechado no es de gran tamaño. Me refiero a que es más fácil encontrar montones de guisantes y de habas que los frutos más grandes y espectaculares de los meses más fríos, como la coliflor o la calabaza. Esto lleva a que los platos sean más complejos: más ensaladas con varias hojas mezcladas y más líneas de plancha y destellos de barbacoa que asados prolongados y bandejas de horno. Ya habrá tiempo para eso más adelante.

# Hinojo asado a fuego lento con gremolata de limón y de semillas de hinojo

La vibrante gremolata transforma esta técnica de cocción invernal en una elaboración apta para el verano. El hinojo se confita en el fragante baño de aceite y se convierte en un bellísimo acompañamiento vegetal, en un ingrediente para brochetas, en una salsa para pasta (si se trocea) o incluso en un plato principal acompañado de una ensalada de hoja verde apimentada y una cuña de frittata o un buen queso. Si prefieres la opción vegana, sustituye la miel por jarabe de arce o agave.

**4 RACIONES** ........ **COMO ACOMPAÑAMIENTO**
**PREPARACIÓN** ........ **15 MINUTOS**
**COCCIÓN** ........ **1 HORA 30 MINUTOS**

2 cucharaditas de semillas de hinojo
3 bulbos de hinojo, con las hojas cortadas, en seis cuñas y reservando las posibles frondas
3 cucharadas de aceite de oliva virgen extra
5 ramitas de tomillo o de tomillo limonero
2 cucharaditas de miel
el zumo de 1 limón pequeño
la ralladura fina de 2 limones pequeños
2 dientes de ajo, picados muy finos
1 ramillete de perejil, picado fino
1 chile rojo, picado fino
sal y pimienta negra recién molida

Precalienta el horno a 170 °C (340 °F/gas 3).

Calienta a fuego medio una sartén pequeña sin aceite y tuesta las semillas de hinojo aproximadamente 1 minuto o hasta que se hayan oscurecido un tono y empiecen a emitir fragancia, pero sin que se tuesten demasiado. Májalas groseramente y reserva.

Dispón las cuñas de hinojo sobre una bandeja o una fuente de horno grande y añade el aceite, las ramitas de tomillo, la miel y el zumo de limón. Salpimienta, tapa con papel de aluminio y asa 1 hora y 10 minutos. Retira el papel de aluminio y da la vuelta a las cuñas de hinojo. Vuelve a meter la bandeja en el horno otros 20 minutos más.

Mientras, mezcla el ajo picado con el perejil, el chile, las semillas de hinojo y las frondas de hinojo que hayas podido reservar. Salpimienta y esparce la mezcla sobre el hinojo, caliente o a temperatura ambiente, antes de servir.

# Judías de verano aliñadas con chile verde y pistachos

Esta ensalada es fantástica para acompañar barbacoas o como entremés. Las judías de verano (preferiblemente de variedades verdes y amarillas redondas, aunque las planas también funcionarán) quedan generosamente untadas en un aliño verde y picante que se prepara con antelación y que se inspira en el *zhug* o *zhoug* yemení. Los pistachos no aparecen en la receta original, como tampoco lo hace el chorrito de miel, pero los he incluido para compensar el picante. Quizás no sea una receta apta para niños, porque los chiles verdes crudos hacen que el picante se vaya acumulando en el paladar.

**4 RACIONES** ........ **COMO ACOMPAÑAMIENTO**
**PREPARACIÓN** ........ **25 MINUTOS**
**COCCIÓN** ........ **5 MINUTOS**

**PARA EL ALIÑO**

1 cucharadita de semillas de comino, tostadas y molidas a mano
8 chiles verdes grandes, sin los tallos y en rodajas grandes
3 dientes de ajo grandes, picados groseramente
1 ramillete de perejil, con los tallos, y un poco más para servir
1 ramillete de cilantro, con los tallos
3 vainas de cardamomo verde, majadas y sin las semillas
3 cucharadas de zumo de limón
2 cucharaditas de miel suave
4 cucharadas de aceite de oliva virgen, y un poco más para servir
sal y pimienta negra recién molida

**PARA LA ENSALADA**

700 g (1 lb 9 oz) de judías de verano variadas (véase la introducción), sin las puntas
1 bote de 500 g (1 lb 2 oz) de bolitas de labneh en aceite de oliva, escurrido
50 g (1¾ oz) de pistachos picados, ligeramente tostados

Para el aliño al estilo *zhoug*, tritura todos ingredientes en un robot de cocina con 3 cucharadas de agua y sal y pimienta al gusto. Tapa el aliño y guárdalo en el frigorífico 24 horas o hasta que lo necesites. Sácalo con antelación, para que esté a temperatura ambiente.

Blanquea las judías en abundante agua con sal 4-5 minutos o hasta que se ablanden. El tiempo necesario dependerá del tamaño y del grosor de las judías, por lo que debes controlarlo y cocerlas por tandas si son muy dispares de tamaño o de variedad. Vuélcalas en un colador y enjuágalas bajo el grifo de agua fría. Escúrrelas bien y pásalas a una bandeja con las bolitas de labneh escurridas. Aliña con generosidad y añade más aceite de oliva al gusto. Esparce los pistachos y, quizás, algunas hojas de perejil por encima antes de servir.

# Hamburguesas de zanahoria asada y garbanzos con pesto de feta y albahaca

Este «pesto» (aquí en el sentido amplio de la palabra) te servirá también para untar tostadas de pan con ajo y rematarlas con rodajas de tomate (ya sea asado o fresco) de las variedades más dulces o para aliñar tubérculos asados y darles un toque ácido.

4 RACIONES ........ CON ACOMPAÑAMIENTO
UNIDADES ........ SALEN 16-20 HAMBURGUESAS
PREPARACIÓN ........ 25 MINUTOS
COCCIÓN ........ 40 MINUTOS

**PARA EL PESTO DE FETA Y ALBAHACA**

1 diente de ajo grande, picado
2 ramilletes de albahaca
5 cucharadas de aceite de oliva virgen extra
la ralladura fina de 1 limón y 3 cucharadas de zumo de limón
100 g (3½ oz) de feta, desmenuzado
sal y pimienta negra recién molida

**PARA LAS HAMBURGUESAS**

750 g (1 lb 10 oz) de zanahorias medianas, frotadas
4½ cucharadas de aceite de oliva
1 cebolla roja, en láminas finas
2 dientes de ajo, majados
½ cucharadita de copos de chile
1½ cucharaditas de semillas de comino
2 latas de 400 g (14 oz) de garbanzos cocidos, bien escurridos
1 ramillete de perejil, con los tallos, picado fino
1 puñado de hojas de albahaca
la ralladura fina de 1 limón
2 cucharadas de harina de garbanzo
100 g (3½ oz) de feta, desmenuzado

**PARA SERVIR**

hojas para ensalada
4 cuñas de limón
pan sin levadura finísimo

Para conseguir el mejor pesto de albahaca y feta, tritura bien en un robot de cocina todos los ingredientes excepto el feta. Añade el feta desmenuzado y vuelve a triturar brevemente para que se desmenuce un poco más. Sazona al gusto, pero ten cuidado con el punto de sal.

Precalienta el horno a 200 °C (400 °F/gas 6).

Unta las zanahorias con 1½ cucharadas de aceite y extiéndelas sobre una bandeja de horno. Ásalas 40 minutos o hasta que se ablanden y se empiecen a dorar en toda su superficie. Entonces, aplasta con suavidad la mitad de ellas.

Baja la temperatura del horno a 190 °C (375 °F/gas 5).

Calienta 1 cucharada de aceite en una sartén a fuego medio y pocha la cebolla laminada 10 minutos. Cuando quede 1 minuto de cocción, añade los copos de chile y el comino. Vuelca todo el contenido de la sartén en un robot de cocina, añade los garbanzos escurridos, el perejil y los tallos, un puñadito de hojas de albahaca, la ralladura de limón, la harina de garbanzo, las zanahorias asadas que has aplastado y abundante pimienta negra. Tritura hasta que obtengas una masa gruesa, haz una pausa para limpiar las paredes del vaso del robot de cocina y añade 50 g (1¾ oz) de queso feta. Vuelve a triturar brevemente para que todo se mezcle. Si es posible, guarda la mezcla en el frigorífico al menos 30 minutos y hasta 24 horas antes de dar forma a las 16-20 hamburguesas; la masa adquirirá firmeza y te será mucho más fácil freírla en la sartén.

Calienta 1 cucharada de aceite de oliva a fuego medio en una sartén grande y fríe las hamburguesas en dos tandas (añade otra cucharada de aceite de oliva para la segunda), unos 3-4 minutos por cada cara o hasta que se doren. También puedes pintarlas con 2 cucharadas de aceite de oliva, disponerlas en una bandeja de horno forrada con papel de horno y hornearlas 20-25 minutos.

Sírvelas con el pesto de feta y albahaca, el resto de las zanahorias enteras, las hojas para ensalada, cuñas de limón y el pan sin levadura templado.

# Lasaña de verano

Aviso: no es una receta para puristas. Para empezar, no tiene salsa de tomate. Sin embargo, en esta versión tan veraniega desde las verduras asadas al estilo mediterráneo hasta la corteza especiada con *dukkah*, pimentón y semillas de cilantro le confieren una gran personalidad. Por supuesto, puedes hacer trampa y comprar el pesto ya preparado, pero si prefieres hacerlo tú, en la página 218 encontrarás una receta tipo. Aquí usaría la variación con kale y avellanas, porque los sabores encajan a la perfección.

**4-6 RACIONES** ... **CON ENSALADA**
**PREPARACIÓN** ... **30 MINUTOS**
**COCCIÓN** ... **1 HORA 25 MINUTOS**

4 calabacines grandes, sin las puntas y a dados
6 pimientos grandes, sin pepitas y en rodajas gruesas
2 berenjenas, cortadas longitudinalmente por la mitad y en medialunas de 1 cm (½ in) de grosor
4 cucharadas de aceite de oliva virgen extra, y un poco más para la bandeja de horno
4 cucharadas colmadas de *dukkah* (mezcla de frutos secos y semillas típica de la cocina de Oriente Medio)
1 cucharadita de pimentón picante
2 cucharaditas de semillas de cilantro, majadas
150 g (5 oz) de pesto fresco, preferiblemente el de kale y avellanas de la página 218
500 g (1 lb 2 oz) de queso ricota, escurrido
375 g (13 oz) de láminas de lasaña frescas
1 puñadito de hojas de albahaca, con las hojas rotas
2 bolas de 125 g (4 oz) de mozzarella de búfala, escurridas y desmenuzadas groseramente
90 g (3 oz) de pecorino u otro queso duro vegetariano, rallado fino
sal y pimienta negra recién molida

**PARA SERVIR**

ensalada verde con aliño de pimienta

Precalienta el horno a 200 °C (400 °F/gas 6).

Calienta las verduras en un cuenco grande y añade el aceite, el *dukkah* y las semillas de cilantro. Salpimienta con generosidad y remueve bien. Reparte las verduras aliñadas en 2-3 bandejas de horno grandes asegurándote de que queden bien espaciadas y en una sola capa. Ásalas unos 40 minutos o hasta que se ablanden y empiecen a adquirir color. Reserva. Puedes hacer este paso con hasta 48 horas de antelación. Guarda las verduras en un recipiente con tapa en el frigorífico y sácalas con tiempo suficiente para que alcancen la temperatura ambiente antes de montar la lasaña.

Para montar la lasaña, pinta ligeramente una fuente apta para horno de 20 × 30 cm (8 × 12 in). Comienza con una cucharada de pesto, extiéndela por la base y añade cucharadas colmadas de ricota. Salpimienta a medida que vayas avanzando. Tapa con una sola capa de láminas de lasaña, seguida de otra de verduras asadas y hojas de albahaca rotas, que luego cubrirás con más láminas de pasta.

Repite la secuencia hasta que hayas usado todos los ingredientes, pero asegúrate de terminar con la capa de láminas de lasaña cubierta con un último nivel de mozzarella desmenuzada y pecorino rallado. Hornea 40-45 minutos hasta que el queso burbujee y se haya dorado. Sirve la lasaña acompañada de una ensalada con aliño a la pimienta.

# Pakoras de verduras de verano

Casi nunca recomiendo los fritos, por lo que créeme cuando te digo que el tenue olor a fritanga de estas pakoras especiadas merece mucho la pena. Las puedes preparar con casi cualquier verdura delicada de temporada, ya sea entera o en láminas finas, como espárragos trigueros tardíos, judías verdes, cebollas, las primeras setas, patatas nuevas, remolacha...

RECETA VEGANA
4 RACIONES ....... COMO APERITIVO O ENTRANTE
PREPARACIÓN ....... 30 MINUTOS
REPOSO ....... AL MENOS 2 HORAS
COCCIÓN ....... 10 MINUTOS

**PARA LA MASA DE GARBANZOS**

75 ml (2½ fl oz) de aceite vegetal
4 dientes de ajo gruesos, picados finos
1¼ cucharaditas de sal marina
2 cucharaditas de garam masala
1½ cucharaditas de cúrcuma molida
1 cucharadita de chile en polvo
2 cucharaditas de semillas de comino, tostadas
2 cucharaditas de levadura
230 g (8 oz) de harina de garbanzo
230 ml (8 fl oz) de agua templada
1 ramillete de cilantro, con los tallos, picado muy fino
sal y pimienta negra recién molida

**PARA LAS PAKORAS**

1 ramillete de cebolletas finas, en tiras de 4-5 cm de longitud
2 calabacines pequeños, cortados en tiras pequeñas como cerillas
1 boniato pequeño, cortado en tiras finas
100 g (3½ oz) de bimi o de brócoli estándar, en floretes pequeños
50 g (1¾ oz) de guisantes pelados
100 g (3½ oz) de tirabeques, cortados longitudinalmente por la mitad
1 litro (34 fl oz) de aceite vegetal, para freír

**PARA SERVIR**

4 cucharadas colmadas de mango en conserva o de mermelada de chile
hojas de cilantro adicionales (opcionales)
cuñas de lima (opcionales)

Para preparar la masa, introduce todos los ingredientes excepto el cilantro en el vaso de un robot de cocina y tritúralos hasta que obtengas una textura uniforme. Condimenta con abundante pimienta negra. (Ahora puedes añadir el cilantro y triturar no más de 2 segundos, solo para trocearlo y sin que la masa se vuelva verde. Si lo añades una vez lo hayas picado a mano y remueves la masa, evitarás el riesgo de teñirla.) Tapa la masa y guárdala en el frigorífico 2 horas o toda la noche, para que cuaje. Se conservará bien unas 48 horas.

Cuando vayas a cocinar, precalienta el horno al mínimo para que puedas mantener calientes las pakoras ya hechas. Remueve bien la masa y vuélcala en una ensaladera grande junto a las verduras preparadas. No deberías necesitar más sal, porque la masa ya está muy condimentada y siempre la puedes añadir por encima una vez hayas terminado de cocinar.

Calienta el aceite a fuego bajo-medio en una sartén grande y honda. El aceite debería marcar 180 °C (350 °F) en el termómetro o tardar unos 25 segundos en tostar un dado de pan blanco.

Con cuidado, deposita cucharadas colmadas de la mezcla de masa y verduras en el aceite caliente. Haz unas 5-6 pakoras por tanda, para que queden bien espaciadas. Fríelas 3-4 minutos y dales la vuelta con una rasera hasta que se hayan dorado en toda su superficie. Pásalas a un plato forrado con papel de cocina para eliminar el exceso de aceite. Luego, mételas en el horno precalentado al mínimo mientras repites el proceso con el resto de la masa.

Acompaña las pakoras calientes con mango en conserva para untarlas y con ramitas de cilantro y cuñas de lima para regarlas con el zumo, si te apetece. Una vez hayas terminado, sírvelas lo antes posible para disfrutar de ellas cuando aún están crujientes.

# Ramen de pak choy, miso y setas

Asegúrate de que no usas un caldo demasiado salado como base, porque desequilibrarías los sabores de los aromáticos y de la pasta de miso; en caso de duda, usa agua sin más y ajusta el miso para añadir profundidad. Si quieres añadir una capa adicional de umami, agrega al caldo una lámina de alga kombu deshidratada (las encontrarás en tiendas de alimentación saludable) y retírala antes de servir. Aquí no la he incluido, porque he intentado limitar al mínimo los ingredientes especiales.

Si quieres añadir más proteína, te sugiero que, justo antes de servir, añadas un huevo escalfado o cocido cuya yema no haya cuajado del todo y pelado cuidadosamente. La sopa quedará deliciosa también con rodajas de tofu salado frito.

**4 RACIONES**
**PREPARACIÓN** ........ **20 MINUTOS**
**COCCIÓN** ........ **35 MINUTOS**

2 puerros medianos, con la base y la parte verde cortada y en rodajas
1 cucharada de aceite de cacahuete
2 dientes de ajo grandes, laminados
2 cucharadas de raíz de jengibre fresca, picada fina
15 g (½ oz) de setas shiitake, desmenuzadas o rotas groseramente
1 litro (34 fl oz) de caldo vegetal ligero
2 cucharadas de mirin, al gusto
1 cucharada de pasta de miso blanco
4 cabezas pequeñas de pak choy (bok choi), limpias y con las hojas separadas
200 g (7 oz) de gírgolas, en tiras gruesas
200 g (7 oz) de fideos ramen, cocidos y escurridos

**PARA SERVIR**

2 láminas de alga nori tostada, desmenuzadas o a tiras
2 cucharadas de daikon encurtido o de rábano fresco en juliana
4 cebolletas, en juliana
2 cucharada de salsa sriracha
tofu (opcional)
huevo escalfado o cocido sin que la yema acabe de cuajar, cortado por la mitad (opcional)

Calienta el aceite a fuego bajo en una sartén o cazuela apta para horno grande y pocha el puerro, que debería ablandarse mucho y endulzarse en unos 10 minutos a fuego bajo, removiendo con frecuencia. Añade el ajo y el jengibre y prolonga la cocción 2 minutos. Ahora, añade a la sartén las setas shiitake desmenuzadas, el caldo, el mirin y 300 ml (10 fl oz) de agua. Lleva a ebullición, baja el fuego y deja que hierva a fuego lento, sin tapar, 20 minutos.

Añade el miso, remueve y prueba el caldo. ¿Está lo bastante concentrado? ¿Es demasiado potente? Ahora es el momento de añadir o de retirar agua, si es necesario. Si crees que la base de la sopa necesita un punto dulce, añade un poquito más de mirin. Cuando estés satisfecho con los sabores, añade las verduras verdes y las gírgolas y hierve a fuego bajo 5 minutos o hasta que las gírgolas se ablanden.

Mientras, cuece los fideos en el agua hirviendo según las instrucciones del envase. Escúrrelos.

Reparte los fideos cocidos en boles previamente calentados y, con un cucharón, sirve la sopa encima. Añade los extras que prefieras para rematar los boles: alga nori troceada, rábano o daikon encurtidos en juliana, cebolleta en juliana, un poquito de salsa picante... Este es también el momento ideal para añadir el huevo escalfado o unas lonchas de tofu dorado, como se sugiere en la introducción.

# Judías verdes planas sobre tarator de nueces

Esta receta es soberbia para las barbacoas estivales, porque las judías se hacen enteras directamente en la barbacoa o en una sartén o plancha humeantes. No es necesario cocerlas al vapor previamente: basta con que las pintes con aceite antes de ponerlas en el fuego. Sirven las judías planas de cualquier variedad, que responderán ennegreciéndose y ablandándose en cuestión de minutos. Colócalas sobre una salsa tarator con ajo, cremosas nueces y limón y obtendrás un acompañamiento de lo más sencillo y cuyos sabores te transportarán a Europa del Este y a Oriente Medio.

**RECETA VEGANA**
**4 RACIONES** ........ **COMO ACOMPAÑAMIENTO**
**PREPARACIÓN** ........ **20 MINUTOS**
**COCCIÓN** ........ **15 MINUTOS**

150 g (5 oz) de mitades de nueces, 50 g (1½ oz) reservadas después de tostar y 100 g (3½ oz) tostadas para el tarator
1 diente de ajo, picado groseramente
la ralladura finamente picada y el zumo de 1 limón
50 g (1¾ oz) de pan blanco de masa madre, sin corteza y en remojo en agua 5 minutos
3 cucharadas de aceite de oliva virgen extra, y un poco más para servir
unos 700 g (1 lb 9 oz) de judías verdes planas, sin los tallos y sin las hebras laterales fibrosas
1 puñado de frondas de hinojo o de eneldo fresco, picado
sal y pimienta negra recién molida

**PARA SERVIR**

2 cuñas de limón (opcionales)

Puedes preparar el tarator con hasta 4 días de antelación. Mételo en el frigorífico y, cuando lo saques para cocinar, añádele un poquito de agua templada porque se habrá espesado con el reposo.

Para prepararlo, tuesta las nueces a fuego medio en una sartén sin aceite unos 4 minutos y sacude la sartén continuamente para remover las nueces. Deberían dorarse y empezar a despedir aromas. Reserva para que se enfríen un poco.

Pon el ajo en el vaso de un robot de cocina y añade 100 g (3½ oz) de nueces, el zumo de limón, el pan de masa madre, 1 cucharada de aceite de oliva y 75 ml (2½ fl oz) de agua. Tritura hasta que obtengas una salsa cremosa y espesa y, si es necesario, añade un poco más de agua para que las hojas no paren de moverse. Salpimienta.

Ten preparada una plancha muy caliente o una barbacoa con el carbón ya blanco por el calor y la parrilla encima. Mezcla las vainas de judía enteras con las 2 cucharadas de aceite de oliva que quedan y salpimienta bien. Haz la verdura a la plancha a fuego alto o en la barbacoa. Dale la vuelta con unas pinzas cada 2 minutos, hasta que se haya carbonizado ligeramente en toda su superficie. Tardarás unos 4 minutos por lado.

Extiende la salsa de nueces sobre una bandeja y dispón las judías encima. Alíñalas con aceite de oliva virgen extra y esparce hierbas aromáticas y la ralladura de limón por encima. Si quieres, exprime las cuñas de limón para terminar.

# Alcachofas con tomate, azafrán y ajo

Aquí, el uso generoso de mantequilla para untar las hojas y los corazones de las alcachofas está justificado, aunque siempre la puedes sustituir por aceite de oliva virgen. El azafrán, el tomate y las almendras tostadas hacen de este primer plato o almuerzo algo único. He simplificado las instrucciones para la preparación de las alcachofas y recomiendo una limpieza mínima y la extracción de los pistilos centrales después de la cocción. Entonces, podrás retirar los «pétalos» uno a uno y untar sus bases bulbosas en la mantequilla antes de comerlos hasta revelar el tierno corazón que ocultan. Para el corazón, usa cuchillo y tenedor. Sirve las alcachofas con pan de masa madre y, quizás, una ensalada sencilla de hojas apimentadas y queso de cabra.

**4 RACIONES**
**PREPARACIÓN** ........ **30 MINUTOS**
**COCCIÓN** ........ **35 MINUTOS**

4 alcachofas de globo grandes, limpias
1 limón, cortado por la mitad
1 pizca generosa de hilos de azafrán
100 g (3½ oz) de mantequilla salada
2 dientes de ajo grandes, en láminas finas
2 chiles rojos, en láminas finas
50 g (1¾ oz/2 cucharadas) de copos de almendra (laminada), tostados
400 g (14 oz) de tomates sabrosos maduros, en dados
1½ cucharadas de vinagre de Jerez
2 cucharadas de cebollino picado fino
sal y pimienta negra recién molida

**PARA SERVIR**

pan de buena calidad

Con un cuchillo de sierra bien afilado, corta una rodaja de unos 2 cm (¾ in) de grosor de la parte superior de las alcachofas (¿sabías que son cardos?). Corta los tallos hasta unos 5 cm (2 in) de longitud, pela la piel exterior de estos y retira las hojas bajas que puedan quedar. Deposita las alcachofas en una ensaladera llena de agua fría y en la que habrás exprimido las mitades de limón (añádelas también). Así evitarás que se oxiden y se vuelvan negruzcas.

Busca una cazuela lo bastante grande para contener todas las alcachofas en una sola capa. Llénala de agua, llévala a ebullición y añade las alcachofas. Hiérvelas a fuego bajo 30-35 minutos o hasta que estén tiernas (si son muy grandes, pueden tardar hasta 45 minutos). Con una cucharilla, retira los vellosos pistilos centrales y, si es necesario, aparta las hojas centrales para llegar a ellos. A mí me resulta más fácil hacerlo después de la cocción, porque las alcachofas crudas son muy duras, pero puedes hacerlo como parte de la preparación inicial, si así lo prefieres.

Mientras, prepara la mantequilla. Pon el azafrán en una taza y añade 2 cucharadas de agua recién hervida. Deja reposar 10 minutos.

Funde la mantequilla a fuego bajo en un cazo pequeño. Añade el ajo, el chile y las almendras y mantén 8-10 minutos a fuego muy bajo, hasta que el ajo se haya pochado pero no haya adquirido color. Ahora, añade los tomates, el vinagre de Jerez, el azafrán en el agua de remojo y el cebollino. Mantén a fuego muy bajo 5 minutos más. Condimenta con bastante pimienta negra y una pizca de sal.

Sirve las alcachofas templadas y sin pistilos en boles poco profundos, con cucharadas de mantequilla de tomate en el centro. Acompáñalas con pan y acuérdate de ofrecer boles de agua para limpiar los dedos y boles vacíos para dejar los pétalos.

# Fideos chinos con tomate, hierba de limón y cacahuetes

Esta es una receta magnífica para cuando necesites una cena rápida. Por algún motivo, los tomates son un acompañamiento estándar para las pastas rápidas, pero no para los fideos chinos. Me encantan aquí, porque aportan dulzor y una textura semejante a la de una salsa, con cacahuetes tostados, hierba de limón y otros aromáticos, además de una buena pizca de chile.

Si puedes, recomiendo que uses el tofu de almendra ahumado Taifun. Es fácil de encontrar y tiene un sabor salado y una textura extraordinariamente firme que es ideal para removerlo en un wok. De todos modos, puedes usar cualquier tofu ahumado extrafirme.

**2 RACIONES**
**PREPARACIÓN** ........ **20 MINUTOS**
**COCCIÓN** ........ **10 MINUTOS**

180 g (6¼ oz/2 láminas) de fideos de huevo integrales secos
2 cucharadas de aceite de cacahuete o de otro aceite sin sabor
4 chalotas, cortadas por la mitad y en láminas finas
3 tallos de hierba de limón, limpios y en rodajas finas
2 chiles rojos, en rodajas
1 trozo de unos 2,5 cm de jengibre fresco, pelado y en rodajas finas
400 g (14 oz) de tomates cherry pequeños, a ser posible de distintas variedades
2 dientes de ajo grandes, en láminas finas
1 ramillete de cilantro, picado, tallos incluidos
200 g (7 oz) de tofu ahumado firme, en dados
2 cucharaditas de azúcar de palma o moreno
2 cucharadas de salsa de soja clara
el zumo de 1 lima
60 g (2 oz) de cacahuetes, tostados y majados

Ten todos los ingredientes preparados y a mano. Una vez empieces a sofreír, tendrás que mantener el fuego muy alto y el wok o la sartén en movimiento casi constante.

Cuece los fideos en agua salada 3 minutos, escúrrelos en un colador y enjuágalos bajo el grifo de agua fría mientras los separas con cuidado. Si los vas a dejar más de unos pocos minutos, riégalos con un chorro de aceite para evitar que se peguen.

Calienta el aceite a fuego alto en un wok o en una sartén profunda grande. Añade las chalotas y sofríelas 3-4 minutos, sin dejar de remover. Ahora, añade la hierba limón, el chile y el jengibre, y sigue removiendo 1 minuto más antes de añadir los tomates. Mantenlo todo en movimiento (sacudiendo y agitando la sartén o el wok como en los restaurantes, si sabes). Añade el ajo, los tallos de cilantro, el tofu y el azúcar. Sigue sofriendo y removiendo unos minutos más, hasta que los tomates se empiecen a abrir (aquí te ayudará mucho la base de una cuchara de madera) y el azúcar se empiece a caramelizar. Las chalotas deberían estar hechas del todo y haber cogido mucho color.

Añade la salsa de soja y el zumo de lima y deja que burbujeen unos segundos antes de agregar los fideos, la mayoría de las hojas de cilantro y la mitad de los cacahuetes. Reparte en platos hondos y remata con el resto de las hojas de cilantro y de cacahuetes.

# Ensalada de pepino, sandía, feta asado y aceitunas

Esta receta da un toque distinto a lo que ya se ha convertido en un clásico estival: sandía, aceitunas y queso feta, con el pepino como la principal verdura de la ensalada. Si quieres, puedes usar halloumi asado en lugar de feta y menta en lugar de albahaca. También puedes tostar un puñado de pan de masa madre junto al queso (riégalo con aceite de oliva antes).

La sandía se queda cruda, porque aún no me han convencido de que hacerla a la plancha consiga nada que no sea producir un horrible sabor químico. En lo que a mí respecta, la única manera de comer sandía es fresca, cruda y jugosa.

**4 RACIONES**
**PREPARACIÓN** 25 MINUTOS
**COCCIÓN** 15 MINUTOS

200 g (7 oz) de feta, escurrido y en dados de 3 cm (1¼ in)
5 cucharadas de aceite de oliva virgen extra
1 cebolla redonda pequeña, en aros muy finos
50 g (1¾ oz) de aceitunas de Kalamata deshuesadas
1 cucharadita de orégano seco (o 5 ramitas deshojadas)
½ cucharadita de copos de chile
1 cucharadita de miel suave
2-3 cucharadas de vinagre de vino tinto
700 g (1 lb 9 oz) de pulpa de sandía (sin piel), troceada
1 granada pequeña, solo las semillas
½ pepino, pelado, sin semillas y en rodajas
1 cucharadita de zumaque (opcional)
1 puñadito de albahaca, con las hojas cortadas si son muy grandes
sal y pimienta negra recién molida

Precalienta el horno a 200 °C (400 °F/gas 6).

Vuelca con cuidado el feta en una fuente apta para horno y añade 2 cucharadas de aceite de oliva, la cebolla, las aceitunas, el orégano y el chile. Condimenta con pimienta, pero no añadas sal aún. Remueve con cuidado y mete la fuente en el horno 12-15 minutos o hasta que la cebolla se empiece a ablandar y los bordes se hayan rizado.

Mezcla las 3 cucharadas de aceite que te quedan con la miel y con 2 cucharadas de vinagre (puedes añadir otra cucharada una vez hayas montado la ensalada, si es necesario. Dependerá de lo dulce que sea la sandía).

Mezcla la sandía, el pepino, las semillas de granada y casi toda la albahaca en una fuente para servir. Esparce la mezcla de feta por encima y remueve con cuidado, para no romper el feta. Vierte la vinagreta en la fuente de horno que acabas de vaciar, para extraer los jugos. Prueba el aliño y añade más vinagre si la sandía es especialmente dulce. También puedes añadir una pizca de sal si es necesario, pero recuerda que el feta ya es salado de por sí. El equilibrio es la clave de todo. Reparte el aliño sobre la ensalada con ayuda de una cuchara y esparce el zumaque por encima, si has decidido usarlo. Remata con las hojas de albahaca que has reservado.

# Espirales de calabacín y guisantes asadas con halloumi y tomate

Esta receta se inspira en una fotografía anónima de Pinterest que mostraba espirales de calabacín asado. No sé qué contenían las espirales originales (estas llevan guisantes, espinacas y ricota con hierbas aromáticas de verano y halloumi, y están asadas en una salsa de tomate especiada con canela), pero la idea me encantó. Ponerla en práctica requiere cierta pericia, pero el plato se puede preparar con varias horas o incluso un día de antelación y guardarlo en el frigorífico hasta que llegue el momento de hornearlo, lo que compensa el cuidadoso enrollado de las cintas de calabacín. También lo puedes cocinar del todo y servirlo a temperatura ambiente en una calurosa tarde de verano.

**4 RACIONES**
**PREPARACIÓN** 30 MINUTOS
**COCCIÓN** 1 HORA 25 MINUTOS

700 g (1 lb 9 oz) de tomate triturado
4 cucharadas de aceite de oliva virgen extra
3 dientes de ajo, majados
1 ramita de canela, partida por la mitad
4 calabacines anchos, sin los extremos
4 cebolletas, sin la base ni las hojas verdes, laminadas
375 g (13 oz) de guisantes desgranados frescos o congelados
120 g (4 oz) de espinacas baby
250 g (9 oz) de ricota, bien escurrida
250 g (9 oz) de halloumi, escurrido y rallado groseramente
4 cucharadas colmadas de olivada verde
1 puñadito de hojas de albahaca, picadas
1 puñadito de hojas de menta, picadas
sal y pimienta negra recién molida (opcional)

**PARA SERVIR**

ensalada verde y pan

Precalienta el horno a 190 °C (375 °F/gas 5).

Para la salsa de tomate, pasa el tomate triturado, 2 cucharadas de aceite de oliva, 2 dientes de ajo majados y las mitades de canela en rama a una fuente apta para horno o bien redonda y de 23 cm (9 in) de diámetro, o bien cuadrada y de 25 cm (10 in) de lado. Métela en el horno a media altura unos 25 minutos, hasta que los bordes se empiecen a oscurecer y el tomate se haya reducido ligeramente. Reserva.

Con un pelador de verduras o una mandolina, lamina el calabacín en cintas longitudinales anchas y de unos 2 mm/⅛ in de grosor. Al final, deberías tener 35-40 cintas en total. Intenta obtener entre 8 y 10 cintas de cada calabacín. Úntalas con 1 cucharada de aceite. Pica el calabacín sobrante tan finamente como te sea posible. Los daditos diminutos serán ideales para esta receta.

Calienta la cucharada de aceite que queda a fuego bajo en una sartén y pocha la cebolleta laminada y los daditos de calabacín, removiendo con frecuencia. Deberías tardar unos 5 minutos. Añade el diente de ajo majado que queda y mantén en el fuego 1 minuto más antes de añadir los guisantes y una cucharada de agua. Tapa la sartén y mantén a fuego bajo 4-5 minutos. Añade las espinacas y remueve 1 minuto o hasta que se pochen y todo el líquido se haya evaporado. Vierte todo el contenido de la sartén en una ensaladera grande y deja que se enfríe al menos 10 minutos.

Añade con cuidado la ricota y el halloumi y la albahaca y la menta picadas. Salpimienta, pero solo con una pizca de sal.

Retira la canela de la fuente de horno y salpimienta la salsa de tomate al gusto, pero recuerda que luego añadirás mucha sal con la olivada y el halloumi.

Dispón las cintas de calabacín sobre una tabla de cortar en una sola capa (repetirás este proceso con todas las cintas). Extiende un poco de olivada a lo largo de las cintas, deposita una cucharada de las verduras en un extremo de cada una y extiende las verduras hasta la mitad. Ahora, empieza a enrollar desde el extremo con el relleno y coloca en la salsa de tomate las espirales montadas, en vertical. Repite hasta que hayas usado todas las cintas de calabacín, la olivada y el relleno y dispón las espirales en una sola capa tupida en la fuente. Deberías tener unas 35-40, pero dada la disparidad de tamaño de los calabacines, no te lo tomes al pie de la letra.

Hornea unos 45 minutos o hasta que la salsa burbujee y los calabacines estén tiernos y se empiecen a dorar por encima. Espera unos 10 minutos para que se enfríe antes de esparcir por encima las hojas de menta y de albahaca que has reservado. Sirve el plato caliente, templado o a temperatura ambiente, acompañado de pan, lentejas o arroz.

# Pimientos rellenos de cuscús gigante de verduras

Lo que a primera vista parecen unos humildes pimientos asados, contienen en realidad multitud de matices umami y de verduras caramelizadas. Si puedes, prepáralos con antelación para dar tiempo a que el relleno se asiente y sírvelos como una ensalada o como parte de unos entremeses, por ejemplo acompañados de bloques de feta asados con orégano y guindilla, una ensalada verde y verduras salteadas.

**RECETA VEGANA**
**4 RACIONES**
**PREPARACIÓN** ........ **25 MINUTOS**
**COCCIÓN** ........ **1 HORA 30 MINUTOS**

**PARA LOS PIMIENTOS**

8 pimientos rojos italianos grandes
1 cucharada de aceite de oliva para untar, y un poco más para aliñar

**PARA EL CUSCÚS**

3 cucharadas de aceite de oliva
1 cebolla dulce, picada fina
2 calabacines, en daditos
2 cucharaditas de semillas de cilantro, majadas
200 g (7 oz) de cuscús integral gigante o israelí
2 cucharaditas de hojas de tomillo, y unas cuantas ramitas adicionales para servir
1 cucharada colmada de puré (pasta) de tomate
1 cucharadita de pimentón dulce ahumado
2 dientes de ajo, picados
300 ml (10 fl oz) de caldo de verduras
2 cucharadas de vinagre de Jerez
sal y pimienta negra recién molida

Precalienta el horno a 220 °C (425 °F/gas 7).

Pinta los pimientos con el aceite y depósitalos en una sola capa en una fuente para horno. Ásalos 15 minutos, saca 4 con ayuda de unas pinzas y pásalos a una bandeja. Resérvalos. Da la vuelta a los 4 pimientos que siguen en el horno y ásalos 10-15 minutos más o hasta que se hayan ablandado y carbonizado en algunas zonas. Vuélcalos en una ensaladera, tápalos con un plato y deja que se hagan al vapor unos 10 minutos. Pélalos y desecha las semillas, el corazón y los tallos. Pícalos y baja la temperatura del horno a 180 °C (350 °F/gas 4).

Mientras, prepara el cuscús. Calienta el aceite a fuego bajo en una sartén mediana y añade la cebolla, el calabacín y una pizca de sal. Pocha la verdura, removiendo con frecuencia, 15 minutos. Añade las semillas de cilantro y el cuscús, sube el fuego un poco y tuesta todo el contenido de la sartén. Ahora, añade las hojas de tomillo, el puré de tomate, el pimentón y el ajo. Remueve bien 1 minuto y añade el caldo. Tapa la sartén y cuece el cuscús a fuego lento 12 minutos o hasta que se empiece a ablandar.

Añade el vinagre y el pimiento picado. Espera a que el cuscús de verduras se enfríe un poco y rellena con él los pimientos enteros, en los que antes habrás hecho una larga incisión longitudinal en un lado y habrás extraído las semillas y el corazón (los tallos han de quedar intactos). Intenta que los laterales de los pimientos contengan tanto relleno como sea posible, pero no te preocupes demasiado por la estética. Depositalos con cuidado en una fuente para horno, riégalos con un poco más de aceite y mételos en el horno 20-25 minutos o hasta que se ablanden. Sírvelos con sumo cuidado.

Esparce las ramitas de tomillo sobre los pimientos y sírvelos calientes o fríos, acompañados de hojas para ensalada o como parte de unos entremeses. Los sabores se asentarán si preparas el plato con 48 horas de antelación y lo sacas del frigorífico con tiempo para que se ponga a temperatura ambiente.

# Dhal de espinacas y garbanzos con calabacines y okra braseados

Este plato, elaborado con abundantes verduras y garbanzos (no es indispensable que el dhal sea siempre de lentejas), es una cena ideal tanto en verano como en otoño. Prepáralo con antelación para potenciar el sabor. Vuelve a calentarlo si es necesario y dale chispa con el zumo de limón justo antes de servir.

**RECETA VEGANA**
**4 RACIONES**
**PREPARACIÓN** ............ **20 MINUTOS**
**COCCIÓN** ............ **1 HORA 10 MINUTOS**

2 chalotas grandes, picadas finas
3 cucharadas de aceite de cacahuete
2 cucharadas colmadas de raíz de jengibre fresca, picada fina
3 dientes de ajo, picados finos
2 cucharaditas de cúrcuma picada fina o ½ cucharadita de cúrcuma molida
2 cucharaditas de cilantro molido
2 cucharaditas de comino molido
½-1 cucharadita de copos de chile, al gusto
2 cucharaditas de garam masala
6 vainas de cardamomo verdes, ligeramente majadas
500 g (1 lb 2 oz) de garbanzos cocidos o 2 botes de 400 g (14 oz) de garbanzos, escurridos
400 g (14 oz) de tomates sabrosos, en trozos gruesos
1 bote de 400 ml (13 fl oz) de leche de coco
4 calabacines baby, sin las puntas y en rodajas
175 g (6 oz) de okra, sin las puntas y en rodajas
1 cucharadita de semillas de mostaza
1 chile rojo, en rodajas
3 cucharadas de zumo de limón
200 g (7 oz) de espinacas
sal y pimienta negra recién molida

**PARA SERVIR**

1 puñado de ramitas de cilantro (opcionales)
pan de chapata, naan o arroz al vapor

Calienta 2 cucharadas de aceite a fuego medio-bajo en una sartén grande y sofríe las chalotas con 1 pizca de sal. Unos 8 minutos después, tendrían que estar blandas y dulces, pero sin color. Añade el jengibre, el ajo y la cúrcuma. Mantén en el fuego, removiendo, 1-2 minutos y añade el resto de las especias (ten cuidado con los copos de chile si el picante solo te gusta con moderación) y mantén en el fuego 1 minuto más. Añade los garbanzos, el tomate troceado y la leche de coco. Llena de agua el bote vacío y vierte el agua en la sartén dos veces (800 ml/28 fl oz). Salpimienta.

Lleva a ebullición, baja el fuego y hierve a fuego bajo 50-55 minutos, removiendo con frecuencia para evitar que los garbanzos se peguen al fondo. A estas alturas, deberían estar blandísimos, así que aplasta la mitad de ellos con un pisapurés o el dorso de una cuchara, para espesar el dhal. Puedes obtener el mismo resultado con una batidora de mano, pero úsala con sumo cuidado. O saca un par de cucharones de dhal y tritúralos antes de devolverlos a la sartén. Ajusta la consistencia en función de lo que necesites y añade más agua si te parece demasiado espeso o hiérvelo a fuego vivo para que se espese un poco si te parece demasiado líquido.

Mientras, calienta la cucharada de aceite que te queda a fuego muy alto en una sartén grande. Añade el calabacín y la okra y fríelos agresivamente hasta que adquieran un tono dorado oscuro y se vuelvan crujientes (unos 5 minutos). Pueden carbonizarse un poco en algunas zonas, no le tengas miedo al fuego.

Añade las semillas de mostaza y el chile y mantén en el fuego otros 1-2 minutos hasta que las semillas empiecen a saltar y a chisporrotear. Una vez hayas retirado la sartén del fuego, salpimienta y añade el zumo de limón. Reserva.

Añade las espinacas, remueve y espera a que se pochen con el calor residual (unos 2 minutos). Termina con el resto del zumo de limón para despertar los aromas y, con una cuchara, pon el calabacín y la okra encima.

# Ensalada de calabacín crudo con ricota salada

La ricota salada suave de Chipre está deliciosa con el aliño dulce y fragante y las rodajas de calabacín de la receta, pero lo puedes sustituir por un pecorino o un halloumi jóvenes o un queso de cabra duro. Si vas a usar lentejas secas, necesitarás unos 200 g (7 oz).

**4 RACIONES**
**PREPARACIÓN ........ 50 MINUTOS**

600 g (1 lb 5 oz) de calabacines, sin las puntas
la ralladura fina y el zumo de 1 limón grande
2-3 cucharaditas de miel, al gusto
5 cucharadas de aceite de oliva virgen extra
2 chiles rojos, picados finamente
2 cucharaditas de hojas de orégano, picadas
200 g (7 oz) de ricota salada de Chipre, en rodajas finas
400 g (14 oz) de lentejas de Puy
1 puñado de hojas de albahaca, troceadas si son grandes
sal y pimienta negra recién molida

Lamina los calabacines con una mandolina o un cuchillo muy afilado. Deposita las láminas en un colador con una pizca generosa de sal, remuévelas un poco y déjalas reposar sobre el fregadero 20-40 minutos. Sécalas a toquecitos con un trapo de cocina limpio.

Prepara el aliño mezclando el zumo de limón, la miel (al gusto), el aceite de oliva, el chile picado y el orégano. Salpimienta al gusto (y rectifica de miel, si es necesario).

Para montar la ensalada, mezcla el calabacín seco con la ricota, las lentejas y las hojas de albahaca en una fuente para servir. Riega con el aliño y sirve.

# Thoran de judías verdes

Esta es una versión sencilla del plato indio y se inspira en los *thoran* secos y con base de coco de Kerala. El cilantro no es tradicional en la receta y lo puedes obviar, si quieres. Piensa en este plato como en un salteado aromático más que como en un curri. Además de encajar como acompañamiento en la mayoría de las barbacoas, lo puedes convertir en una cena sencilla si lo acompañas de arroz al vapor. Y, si quieres un plato principal, añade un curri contundente y conservas.

**RECETA VEGANA**
**4 RACIONES** ..... **COMO ACOMPAÑAMIENTO O, CON ARROZ, COMO PLATO PRINCIPAL**
**PREPARACIÓN** ..... **10 MINUTOS**
**COCCIÓN** ..... **15 MINUTOS**

90 g (3 oz) de coco fresco, laminado con un pelador de verduras
350 g (12 oz) de judías verdes variadas, con las puntas cortadas y en trozos pequeños si son grandes
2 cucharadas de aceite de cacahuete
2 cebolletas pequeñas, picadas finas
20 g (¾ oz) de cúrcuma fresca, picada fina
½ cucharadita de semillas de mostaza (de cualquier color)
1-2 chiles rojos, en rodajas finas
12 hojas de curri fresco
½ lima
1 puñado de hojas de cilantro, picadas groseramente
sal y pimienta negra recién molida

Calienta a fuego medio una sartén sin aceite y extiende el coco sobre la base, sacudiéndolo con frecuencia hasta que pierda el aspecto «aceitoso» y adquiera un tono dorado uniforme. Reserva.

Blanquea las judías en abundante agua hirviendo 3-4 minutos hasta que se empiecen a ablandar. Enjuaga bajo el grifo de agua fría y escurre bien.

Vierte el aceite de cacahuete en la misma sartén, vuelve a calentar a fuego medio y añade la cebolleta y la cúrcuma. Fríe, sin dejar de remover, 5 minutos hasta que se pochen. Añade las semillas de mostaza, el chile y las judías y sofríe a fuego vivo 2-3 minutos sin dejar de remover hasta que las semillas de mostaza empiecen a explotar. Añade las hojas de curri en el último minuto, salpimienta y retira la sartén del fuego. Exprime la media lima encima y espolvorea con el coco y el cilantro. Sirve como acompañamiento.

# Buñuelos de calabacín y de maíz con encurtidos

Los buñuelos hacen buen uso de la riqueza de las verduras estivales, ya sean o no del huerto de casa, y son una buena manera de poner más verduras multicolores sobre la mesa. Los buñuelos de verduras están deliciosos acompañados de verduritas troceadas, como el pepino ligeramente encurtido que sigue, o ensaladas de hojas verdes, de tomate, de lentejas, de cereales o de patata. Puedes sustituir la harina de garbanzos por otra, si es necesario, pero esta es notable por su sabor, su contenido ligeramente más rico en proteína y su ausencia de gluten.

**2 RACIONES** ........ **SALEN 6-8 BUÑUELOS**
**PREPARACIÓN** ........ **30 MINUTOS**
**COCCIÓN** ........ **10 MINUTOS**

**PARA LOS ENCURTIDOS**

½ pepino grande, pelado, sin semillas y en daditos
½ cebolla roja, picada muy fina
1 pimiento rojo pequeño, sin semillas y en daditos
2 cucharadas de vinagre de vino tinto
1 pizca generosa de sal y otra de azúcar (del tipo que tengas, o usa miel)

**PARA LOS BUÑUELOS**

250 g (9 oz) de calabacín, rallado fino (2 calabacines pequeños)
1 pizca generosa de sal
250 g (9 oz) de granos de maíz crudos, de 2 mazorcas pequeñas
90 g (3 oz) de harina de garbanzos
¼ cucharadita de levadura
1 huevo
1 diente de ajo grande, majado
½ cebolla roja, picada muy fina
1 puñado grande de perejil, picado
sal y pimienta negra recién molida
aceite de oliva, para freír

**PARA SERVIR**

cuñas de limón
ensalada de rodajas de tomate, albahaca y aceitunas
un poco de aceite de oliva virgen extra

Si vas a preparar los encurtidos, mezcla todos los ingredientes en una ensaladera y deja reposar 20 minutos, removiendo de vez en cuando.

Para los buñuelos, precalienta el horno a baja temperatura para mantenerlos calientes a medida que los vayas haciendo y hasta que termines.

Pon los calabacines rallados en un cuenco, añade la sal y remueve bien. Deja reposar 10 minutos. Vuelca todo el contenido sobre un trapo de cocina limpio y escúrrelo sobre el fregadero con tanta fuerza como puedas, para eliminar tanta agua como te sea posible.

Pasa el calabacín escurrido a una ensaladera grande, junto al maíz, la harina de garbanzos, la levadura, el huevo, el ajo, la cebolla y el perejil y condimenta con pimienta y una pizca de sal. Remueve bien para integrarlo todo (quedará una masa muy espesa).

Calienta 1½ cucharadas de aceite de oliva en una sartén a fuego medio. Cuando el aceite esté caliente, añade con cuidado cucharadas colmadas de la masa, una a una para cada buñuelo. Deberías poder hacer 3-4 a la vez, en función del tamaño. Fríelos unos 2 minutos por cada cara. Deberían quedar dorados y cuajados, por lo que baja un poco el fuego si se tuestan demasiado rápido. Pásalos a un plato forrado con papel de cocina y mételos en el horno para que se mantengan calientes mientras repites el proceso con toda la masa. Antes, añade un poco más de aceite de oliva a la sartén.

Sirve los buñuelos directamente, con la verdura encurtida por encima. Una ensalada de tomate, albahaca y aceitunas aliñadas con limón exprimido será un acompañamiento excelente, como también lo serán unas cuantas rodajas de feta desmenuzado o de halloumi a la plancha.

# Ensalada de tomate, tempeh crujiente y hierbas dulces con nueces de macadamia y hierba de limón

Los tomates dulces, firmes y deliciosamente ácidos son una base magnífica para esta ensalada de estilo tailandés y aromatizada con hierbas. Si el tempeh no te gusta, sustitúyelo por tofu extrafirme o por una tortilla a la francesa cortada a tiras.

**RECETA VEGANA**
**4 RACIONES**
**PREPARACIÓN** ........ **25 MINUTOS**
**COCCIÓN** ........ **10 MINUTOS**

100 g (3½ oz) de nueces de macadamia
2 tallos de hierba de limón, sin las partes duras y con las blandas picadas groseramente
2 chiles ojo de pájaro, sin semillas si lo prefieres
4 cebolletas, cortadas por la mitad
2 hojas de lima frescas, en juliana
el zumo de 1 lima grande
1 cucharada de azúcar de palma o de azúcar moreno
1 cucharada de salsa de soja clara
200 g (7 oz) de tempeh, en lonchas de 1 cm (½ in) de grosor
½ cucharadita de pimentón picante ahumado
3 cucharadas de aceite de sésamo tostado
900 g (2 lb) de tomates tradicionales, en rodajas o cortados por la mitad, en función del tamaño
1 puñado de hojas de albahaca tailandesa
1 puñado de hojas de menta
sal y pimienta negra recién molida

Precalienta el horno a 190 °C (370 °F/gas 5).

Reparte las nueces de macadamia sobre una bandeja de horno y tuéstalas en el horno 8 minutos o hasta que adopten un color dorado oscuro. Espera a que se enfríen, reserva 2 cucharadas y maja el resto.

Para preparar el aliño, pica groseramente 2 cebolletas y mételas en un mortero junto a la hierba de limón, los chiles y 2 cucharadas de las nueces de macadamia tostadas. Muélelas a mano hasta que obtengas una pasta gruesa. Añade las hojas de lima en juliana y vuelve a moler para que se rompan y liberen los aceites aromáticos. Añade el zumo de lima, el azúcar y la salsa de soja. Salpimienta al gusto. El aliño debería ser picante, agridulce y salado, así que ajusta a tu gusto el azúcar, el zumo de lima, la sal y el chile.

Lamina finamente las 2 cebolletas que quedan y reserva. Espolvorea las lonchas de tempeh con el pimentón, salpimienta con generosidad y fríe en el aceite de sésamo a fuego medio-alto 2-3 minutos por cada lado hasta que se doren y queden crujientes. El tempeh se pocha rápidamente una vez cocinado, así que fríelo justo antes de servir la ensalada.

Mezcla y remueve con suavidad la cebolleta, el tomate, el tempeh caliente y el aliño con las hierbas y termina con las nueces de macadamia majadas que has reservado.

# Boles satay de tofu y anacardo especiados con trigueros a la plancha y edamame

Obtendrás una cantidad muy generosa de salsa y te advierto que comerla es facilísimo. Si te sobra, la puedes usar para untar rollitos de verano o verduras crudas o incluso como una suculenta salsa en un salteado.

Esta receta cargada de verduras contiene otra para un sencillísimo tofu asado con bordes crujientes ideal para añadir a salteados o a sopas de fideos.

**RECETA VEGANA**
**2 RACIONES**
**PREPARACIÓN** ........ **30 MINUTOS**
**COCCIÓN** ........ **40 MINUTOS**

### PARA LA SALSA SATAY

100 g (3½ oz) de anacardos sin sal
1 cucharada de aceite de cacahuete
2 cucharadas de Pasta vegana de curri rojo tailandés (p. 217) o de una comprada en tienda
1 cucharada de azúcar de palma o de azúcar moreno
1 cucharada de salsa de soja
200 ml (7 fl oz) de leche de coco
el zumo de 1 lima grande, y 1 lima cortada en cuñas para servir (opcional)

### PARA LOS BOLES

300 g (10½ oz) de tofu extrafirme, escurrido y secado a toquecitos
1 cucharada de aceite de sésamo tostado
1 cucharadita de harina de maíz
300 g (10½ oz) de espárragos trigueros, con el extremo recortado
1 cucharada de aceite de cacahuete
200 g (7 oz) de edamame desgranados, o descongelados si son congelados
250 g (9 oz) de arroz basmati integral cocido
1 puñado de hojas de menta
1 puñado de hojas de albahaca tailandesa o de cilantro
1 pepino pequeño, en rodajas
sal y pimienta negra recién molida

Precalienta el horno a 190 °C (375 °F/gas 5).

Esparce los anacardos sobre una bandeja de horno en una sola capa y tuéstalos en el horno unos 9 minutos o hasta que se doren. Espera a que se enfríen y, entonces, pica groseramente una tercera parte.

Corta el tofu en dados de 2 cm (¾ in) de lado. Úntalos con el aceite de sésamo, salpimienta y espolvoréalos uniformemente con la harina de maíz (un colador o un tamiz te irán muy bien aquí), dales la vuelta y repite para que queden cubiertos por todos los lados. Disponlos, sin que se toquen, en una bandeja de horno y ásalos 30 minutos. Sacude la bandeja cada 10 minutos hasta que el tofu se haya dorado y esté crujiente por fuera.

Para la salsa satay, calienta el aceite de cacahuete a fuego medio-bajo en una sartén y añade la pasta de curri rojo. Sofríe 2-3 minutos o hasta que la pasta se haya oscurecido un par de tonos y añade el azúcar, la salsa de soja y la leche de coco. Remueve hasta que obtengas una salsa homogénea. Cuece 1-2 minutos a fuego bajo y transfiere la salsa a un robot de cocina. Añade el zumo de lima y dos tercios de los anacardos tostados que has reservado. Tritura hasta que obtengas una consistencia sedosa y sin grumos. No temas añadir un poco más de zumo de lima, de azúcar o de salsa de soja, si es necesario.

Unta los espárragos con el aceite de cacahuete, salpimiéntalos y hazlos a la plancha en una sartén muy caliente unos 4 minutos, sacudiéndolos hasta que estén tiernos. Deberían quedar chamuscados en algunos puntos. Añade los edamame y sacude unos 30 segundos, para que se calienten. Pasa todas las verduras a una bandeja.

Reparte el arroz en boles anchos y añade las verduras, las hierbas aromáticas, una cantidad generosa de salsa satay, el tofu, las rodajas de pepino y los anacardos picados que has reservado. Sirve con las cuñas de lima adicionales, si has decidido usarlas.

# Ensalada de verano

Se trata de una ensalada tan deliciosa como poco habitual: tiernas hojas de lechuga, aguacate, cebada, lentejas condimentadas y aliñadas con una refrescante salsa de yogur y cebolletas en juliana. La combinación se inspira en una sopa turca de yogur con cebada y hierbas aromáticas que me encanta. El untuoso aguacate y las tiernas hojas de lechuga por un lado y las frescas rodajas de pepino por el otro contrastan con los cereales y el aliño. Si quieres un toque más crujiente, añade *dukkah* o semillas tostadas justo al final; si quieres más notas apimentadas, añade unos cuantos brotes de rábano u hojas de rúcula. Si añades un huevo pasado por agua, pelado y cortado por la mitad, el resultado será espectacular.

Un apunte sobre las legumbres secas y los tiempos de cocción: cuando necesito legumbres secas, intento comprarlas en tiendas con una rotación de producto rápida. Las legumbres viejas que llevan mucho tiempo almacenadas necesitarán más agua y más tiempo de cocción.

**4 RACIONES** ........ **COMO ACOMPAÑAMIENTO**
**PREPARACIÓN** ........ **20 MINUTOS**

1 puñado de cebolletas o de cebollas grandes para ensalada, con las frondas verde oscuro cortadas en juliana y el resto, en rodajas
20 g (¾ oz) de mantequilla con sal
120 g (4 oz) de cebada perlada o de espelta
90 g (3 oz) de lentejas verdes o marrones secas
2 cucharaditas de semillas de comino
2 chiles verdes, sin semillas si lo prefieres, picados
½ cucharadita de canela molida
¾ de cucharadita de pimentón picante (o menos, ¡pica!)
500 ml (17 fl oz) de caldo de verduras o agua
1 puñadito de menta, con las hojas en juliana
1 puñadito de perejil, con las hojas en juliana
2 cucharadas de cebollino picado fino
la ralladura fina y el zumo de 1 limón grande
2 cucharadas de yogur griego
1 cucharada de miel suave
1 diente de ajo, majado
4 cucharadas de aceite de oliva virgen extra
1 lechuga mantecosa (como la francesa), con las hojas separadas y partidas, si son grandes
1 aguacate grande maduro, cortado por la mitad, deshuesado y en dados
1 pepino mediano o ½ pepino grande, pelado y en rodajas gruesas
4 huevos pasados por agua, pelados y cortados por la mitad (opcional)
sal y pimienta negra recién molida

Comienza por la cebada y las lentejas especiadas, que se conservarán muy bien mientras preparas el resto de los ingredientes. En una sartén mediana a fuego bajo, pocha tanto las hojas verde claro como los aros de cebolleta en la mantequilla con una pizca de sal, removiendo con frecuencia. Al cabo de unos 5 minutos, se deberían haber pochado, pero sin tomar color. Añade la cebada y las lentejas con el comino, el chile, la canela y el pimentón, y remueve para mezclarlo todo bien. Fríe el cereal y las legumbres 2 minutos. Sube el fuego, añade el caldo (o agua) y lleva a ebullición. Tapa la sartén parcialmente y hierve a fuego lento 25 minutos o hasta que las lentejas se empiecen a ablandar y el líquido se haya reducido completamente. Reserva y deja reposar 5 minutos (para que la poca agua que pueda quedar se acabe de absorber) y añade la mitad de la menta, el perejil y el cebollino; remueve, comprueba el punto de condimentación y reserva. La mezcla de cereales y legumbres se puede servir templada o fría.

Para el aliño, bate el yogur, la miel, el ajo, el aceite de oliva y el zumo de limón con un chorro generoso de agua para aligerar la mezcla. Salpimienta al gusto. No debería ser una vinagreta espesa, busca una consistencia ligeramente más fluida que la de la nata líquida.

Para montar la ensalada, dispón las hojas de lechuga sobre una bandeja, con el aguacate y el pepino. Añade el resto de la menta, el perejil y el cebollino con la mitad del aliño y remueve con suavidad. Reparte el resto del aliño a cucharadas y esparce por encima las hojas verde oscuro en juliana de la cebolleta.

# Hojaldre de tomate asado, estragón y nata fresca

Este hojaldre con mantequilla y refrescante nata fresca es una opción más caprichosa que la mayoría de las recetas del libro. Prepara los distintos elementos por adelantado y monta el plato justo antes de servirlo acompañado de una ensalada de rúcula y lentejas. También puedes prescindir del hojaldre y servir los tomates asados como parte de una ensalada de cereales o legumbres (la espelta y las lentejas de Puy son opciones excelentes) o de transformar la nata fresca en un aliño usando solo un cuarto de la cantidad indicada y aligerándola con un chorro de vinagre de vino tinto y abundante aceite de oliva virgen extra. Un último consejo: si puedes, duplica la cantidad de tomate asado. Se convertirá en una salsa para pasta instantánea y solo tendrás que aplastar los tomates en su propio zumo de cocción y añadirlos a la pasta.

**6 RACIONES** ........ **CON UNA ENSALADA PARA ACOMPAÑAR**
**PREPARACIÓN** ........ **25 MINUTOS**
**COCCIÓN** ........ **1 HORA 20 MINUTOS**

**PARA LOS TOMATES ASADOS**

900 g (2 lb) de tomates variados de sabor intenso
4 dientes de ajo, enteros y sin pelar
3 cucharadas de aceite de oliva
1 cucharada de hojas de tomillo fresco
sal y pimienta negra recién molida

**PARA EL HOJALDRE**

1 yema de huevo
1 cucharada de leche
un poco de harina de trigo, para espolvorear
1 lámina de 375 g (13 oz) de masa de hojaldre con mantequilla
2 cucharaditas de rábano picante rallado fino (o 1 cucharada de rábano picante encurtido)
1½ cucharaditas de mostaza de Dijon
1 puñado de estragón, picado fino
300 g (10½ oz) de nata fresca
sal y pimienta negra recién molida

**PARA SERVIR**

aceite de oliva virgen extra

**NOTA**

Asar los tomates con antelación concentra el sabor y garantiza que el agua que contienen no reblandezca el hojaldre.

Precalienta el horno a 170 °C (340 °F/gas 3).

Corta los tomates en rodajas gruesas si son grandes o por la mitad si son medianos o déjalos enteros o en la rama si son pequeños. Disponlos en una bandeja de horno. Añade los dientes de ajo enteros. Riega con 2 cucharadas del aceite de oliva, espolvorea con el tomillo y salpimienta. Ásalos unos 50 minutos, en función el tamaño y hasta que se arruguen ligeramente y queden pegajosos.

Sube la temperatura del horno a 200 °C (400 °F/gas 6). En una taza, bate la yema de huevo con la leche para preparar el glaseado de huevo. Despliega la lámina de masa de hojaldre sobre una tabla de cortar espolvoreada con harina y estírala hasta que obtengas un rectángulo de 25 × 30 cm (10 × 12 in). Recorta los bordes con un cuchillo afilado. Marca un borde de 2,5 cm (1 in) en todo el perímetro (como el marco de una fotografía) con la punta del cuchillo y pincha con un tenedor la superficie dentro del marco; así, solo el marco subirá. Traslada la masa a una bandeja de horno grande, píntala con el glaseado de huevo y hornea 18 minutos o hasta que haya subido y se haya dorado. Reserva.

Pela los dientes de ajo asados, depositalos en un bol y aplástalos con un tenedor hasta convertirlos en puré. Añade el rábano picante y la mostaza con tres cuartas partes del estragón picado fino, la nata fresca y salpimienta.

Pasa el hojaldre a una fuente de servir o a una tabla de madera. Úntala con una capa gruesa de la nata fresca condimentada. Dispón encima una capa generosa de tomates asados. Esparce el resto del estragón por encima y riega con la cucharada de aceite de oliva que te queda justo antes de servir.

# OTOÑO

# VERDURAS DE TEMPORADA

- Berenjena
- Remolacha
- Calabaza violín y todas las calabazas
- Apio nabo
- Castañas
- Chiles
- Pepino
- Hinojo
- Tupinambo
- Judías tardías de todo tipo, especialmente de las verdes
- Maíz tardío
- Tomates tardíos
- Puerros
- Patatas tardías
- Calabacín
- Frutos secos de temporada/jóvenes
- Pimientos
- Legumbres (frescas y secas)
- Trufas
- Nabos
- Berros
- Setas silvestres

Si hay que escoger una, esta ha de ser, por fuerza, la estación preferida de los cocineros. Con los últimos coletazos del verano, los más dulces, maduros y suculentos, seguimos disfrutando del maíz, de abundantes tomates y de berenjenas rechonchas. ¡Frutas que se hacen pasar por verduras! Abundan los naranjas, los amarillos y los rojos. Y, entonces, ese frescor repentino en el aire del amanecer, que al principio no es más que un atisbo, deja paso a periodos cada vez más fríos y prolongados, hasta que el verano desaparece del todo.

Entonces, llegan más tesoros, en forma de calabazas, calabacines, setas y castañas hasta que, demasiado pronto, las primeras heladas hacen su aparición y endulzan los primeros tubérculos. Es ahí cuando las cocinas cambian de nuevo, de vuelta a las sopas, los guisos, el curri y los platos reconfortantes. La estación de las legumbres comienza y el año avanza subrepticiamente.

# Berenjenas baby especiadas con freekeh

Convierte este plato en una cena vegana para dos y, si sobra algo, aprovéchalo para elaborar un almuerzo magnífico: solo tendrás que añadir algunas hojas de lechuga. También puedes duplicar las cantidades y alimentar a varios comensales como parte de unos entremeses y acompañado de falafeles, hojas de lechuga aliñadas, pan sin levadura y hummus. Si no encuentras berenjenas baby (finas o regordetas, eso no importa), usa berenjenas normales pequeñas: cortadas longitudinalmente en cuatro, pueden sustituir a cuatro berenjenas baby. Los calabacines baby también son un buen sustituto.

**RECETA VEGANA**
**4 RACIONES**
**PREPARACIÓN** ........ **20 MINUTOS**
**COCCIÓN** ........ **1 HORA 10 MINUTOS**

1 cucharadita de pimentón ahumado dulce
120 ml (4 fl oz) de aceite de oliva virgen extra
12 berenjenas baby moradas, da igual la forma que tengan
8 chalotas grandes, cortadas por la mitad
400 g (14 oz) de tomates cherry en rama, cortados con tijeras en 8 secciones
250 g (9 oz) de *freekeh* (trigo tostado cosechado cuando aún es joven) sin cocer
1 bote de 400 g (14 oz) de garbanzos, escurridos
2 dientes de ajo, majados
3 cucharadas de vinagre de vino tinto
1 cucharada de sirope de arce o de agave
1 cucharadita de zumaque molido
2 puñaditos de perejil, deshojado y con los tallos picados finos
sal y pimienta negra recién molida

Precalienta el horno a 180 °C (350 °F/gas 4). Forra con papel de horno una fuente para horno mediana.

Mezcla el pimentón con 4 cucharadas de aceite de oliva. Pincha las berenjenas por toda su superficie con un tenedor o una brocheta y disponlas en la fuente para horno junto a las chalotas cortadas por la mitad. Riega con el aceite especiado y dales la vuelta para que se unten bien. Cubre la fuente con papel de aluminio y asa 45 minutos. Retira el papel de aluminio, remueve un poco y añade con cuidado los tomates cherry. Asa 25 minutos más hasta que las verduras hayan adquirido buen color y los tomates se hayan empezado a abrir.

Mientras, enjuaga el *freekeh* en un colador bajo el grifo de agua fría. Vuélcalo en una cazuela con 650 ml (22 fl oz) de agua y una pizca de sal. Lleva a ebullición y hierve 15 minutos, hasta que casi toda el agua se haya absorbido. Añade los garbanzos escurridos cuando queden 5 minutos de cocción para que se calienten del todo mientras el *freekeh* se acaba de cocer.

Para el aliño, mezcla el ajo majado con el resto del aceite, el vinagre, el sirope y el zumaque. Pica finamente un puñadito de las hojas de perejil y añádelas al aliño junto a los tallos picados finos. Salpimienta al gusto.

Añade con cuidado las berenjenas, las chalotas, los tomates y el resto del perejil a los garbanzos y el *freekeh*, vuelca también el líquido que hayan dejado en la bandeja y, para rematar, añade cucharadas del aliño por encima.

**NOTA**

250 g (9 oz) de *freekeh* crudo equivalen a unos 500 g (1 lb 2 oz) una vez cocido, por si necesitas sustituirlo por un cereal o arroz similar cocido.

# Sopa de verduras agripicante

Es una receta ganadora para cenar: ligera, nutritiva, reconfortante y rebosante de sabor. Si vas a usar hojas de cebolleta, más fácil de encontrar que el más escurridizo cuchay, corta en rodajas la parte blanca y añádelas al caldo al principio de la receta.

**RECETA VEGANA**
**4 RACIONES**
**PREPARACIÓN ........ 25 MINUTOS**
**COCCIÓN ........ 30 MINUTOS**

1 litro (34 fl oz) de caldo de verduras
30 g (1 oz) de galangal o de raíz de jengibre fresca, sin pelar y en rodajas
3 tallos de hierba de limón, con los bulbos majados
4 hojas de lima frescas, estrujadas para que liberen los aromas
4 chalotas tailandesas o pequeñas, sin pelar y cortadas por la mitad
4 cucharadas de pasta de tamarindo
15 g (½ oz) de hongos calabaza secos o silvestres (opcionales, pero muy recomendados)
2 cucharadas de salsa de soja clara
1 boniato grande y delgado, pelado y en rodajas de 1 cm (½ in) de grosor
200 g (5 oz) de colirrábano, cortado en tiras gruesas, como cerillas
150 g (3½ oz) de setas shiitake, cortadas por la mitad si son grandes
8 tomates cherry, cortados por la mitad
100 g (3½ oz) de brotes de soja
2 cucharadas de hojas de cuchay o de cebolleta, en juliana
1 puñadito de hojas de albahaca tailandesa, cilantro y/o menta, en cualquier combinación
sal

**PARA SERVIR**

cuñas de lima
chiles de ojo de pájaro, en rodajas

Pon el caldo, el galangal o el jengibre, la hierba de limón, las hojas de lima, las chalotas, la pasta de tamarindo, los hongos calabaza (si has decidido usarlos, algo que te recomiendo encarecidamente) y la salsa de soja en un cazo grande. Lleva a ebullición suave a fuego medio, baja a fuego bajo, tapa y hierve con mucha suavidad 15-20 minutos. Cuélalo con mucho cuidado para retirar los aromáticos y devuelve el caldo al cazo. Sazona al gusto.

Añade las rodajas de boniato y el colirrábano al caldo. Devuelve a una ebullición suave y deja que el líquido apenas burbujee unos 9 minutos, hasta que las verduras se ablanden. Ahora, añade las setas shiitake y cuece unos minutos más.

Añade los tomates, los brotes de soja y las hojas de cuchay o de cebolleta antes de retirar el cazo del fuego. Comprueba el punto de sal por si quieres añadir un poco más. Reparte en platos hondos y añade las hierbas aromáticas ya en la mesa, junto al zumo de lima para dar intensidad y las picantes rodajas de chile, si te gustan.

# Ensalada de colirrábano con zanahoria encurtida

¿Qué se puede hacer con un rechoncho colirrábano violeta o verde claro? Yo lo pelaría, lo cortaría en láminas finas y lo añadiría a esta ensalada de estilo vietnamita de zanahoria encurtida, piña dulce y hierbas. Las cantidades del aliño agridulce *nuom cham* que encontrarás a continuación te darán aproximadamente el doble del que necesitas. Hay situaciones en las que hacer menos no merece la pena y el aliño tiene utilidades infinitas como salsa para untar. Guárdalo para rollitos de verano, verduras a la plancha y ensaladas de fideos de arroz, por ejemplo. Las zanahorias encurtidas se han de preparar con antelación y merece la pena que dupliques la cantidad por el mismo motivo. Son excelentes en multitud de ensaladas, rollos y rollitos y se conservarán en el frigorífico 2 semanas. Si no encuentras colirrábano o tienes mucho brócoli en casa, los tallos de brócoli pelados y laminados finos son un sustituto sorprendentemente bueno.

**RECETA VEGANA**
**4 RACIONES**
**PREPARACIÓN** ........ **25 MINUTOS**
**COCCIÓN** ........ **5 MINUTOS**

**PARA LAS ZANAHORIAS ENCURTIDAS**

40 g (1½ oz) de azúcar glas dorado
90 ml (3 fl oz) de vinagre de arroz
300 g (10½ oz) de zanahorias, peladas y cortadas en tiras muy finas
sal

**PARA EL ALIÑO**

4 cucharadas de azúcar glas dorado
6 cucharadas de vinagre de arroz
6 cucharadas de salsa de «pescado» vegana o 4 cucharadas de salsa de soja clara
el zumo de 2 limas
2-3 guindillas tailandesas, picadas finas
20 g (¾ oz) de raíz de jengibre fresca, pelada y cortada en tiras cortas y muy finas

**PARA LA ENSALADA**

2 cucharadas de arroz glutinoso tailandés
2 colirrábanos pequeños, pelados y en láminas finas como el papel, cortadas en una mandolina
200 g (7 oz) de pulpa de piña fresca, en láminas finísimas
1 pepino mediano, pelado, si se prefiere, y en rodajas
1 puñadito de cilantro, con las hojas picadas groseramente
1 puñadito de menta, con las hojas picadas groseramente
1 puñadito de albahaca vietnamita o tailandesa, deshojada
50 g (1¾ oz) de anacardos, tostados y picados

Comienza por las zanahorias encurtidas, con al menos 2 horas de antelación. Mezcla el azúcar y el vinagre con 50 ml (1¾ oz/3 cucharadas) de agua y una pizca de sal en un cuenco, removiendo hasta que el azúcar se disuelva. Añade las tiras de zanahoria y deja reposar 2 horas, para que se encurtan. Se conservarán en el frigorífico y en el líquido del encurtido 2 semanas.

Para el aliño, calienta despacio el azúcar con el vinagre, la salsa de «pescado» o de soja y 120 ml (4 fl oz) de agua hasta que el azúcar se haya disuelto sin que arranque a hervir. Espera a que se enfríe y añade el zumo de lima, los chiles picados finos, en función de cuánto te guste el picante, y el jengibre.

Para tostar el arroz, pon el arroz crudo en una sartén sin aceite y calienta a fuego medio. Tuéstalo, removiendo y sacudiendo la sartén con frecuencia, unos 2 minutos o hasta que el arroz se vuelva opaco y empiece a adquirir un color dorado pálido. Vuélcalo en un mortero y muélelo hasta que obtengas un polvo grueso. Reserva.

Una vez preparados los distintos elementos, la ensalada se monta en un abrir y cerrar de ojos. Pasa el colirrábano, la piña, el pepino y 300 g (10½ oz) de la zanahoria encurtida a una ensaladera grande. Reserva un puñado de hojas variadas para la guarnición y añade el resto a la ensaladera junto a la mitad del aliño y de los anacardos. Remueve bien. Sírvela, o bien en una fuente grande, o bien en platos individuales, con las hojas aromáticas que has reservado, el resto de los anacardos y el arroz tostado por encima.

# Tomates asados rellenos de arroz y verduritas

Estos bellos ejemplares se inspiran claramente en las cocinas griega, italiana y francesa y en las múltiples maneras en que asan lentamente tomates rellenos de arroz. Cocinar los tomates nos permite aprovechar al máximo el licopeno, un pigmento carotenoide con propiedades antioxidantes. Se sabe que el licopeno beneficia a la salud y reduce el riesgo de desarrollar algunos tipos de cáncer y de enfermedades cardiovasculares.

Dejando a un lado el valor nutricional, esta es una magnífica forma de cocinar las variedades tradicionales de gran tamaño que abundan y son relativamente baratas en el hemisferio norte entre julio y septiembre. El plato se hará solo en el horno en 1 hora y se mantendrá en el frigorífico unos días. He incluido sutiles notas de azafrán y verduritas en la base de arroz integral generosamente aromatizado con hierbas. El eneldo y el orégano frescos son las estrellas de los aromáticos en esta receta, pero puedes sustituir el orégano fresco por seco y añadir menta o albahaca (o sustituir el perejil por una de ellas o ambas).

Usa las verduras que prefieras, en cualquier combinación. Las aceitunas sin hueso, los tomates secos o semisecos, los corazones de alcachofa o cualquier verdura a la plancha serán ideales. Córtalos en trozos del tamaño de aceitunas y aprovecha el aceite de los tarros o los tubos de la receta.

**RECETA VEGANA**
**4 RACIONES** ... **CON ENSALADA O VERDURAS DE HOJA VERDE**
**PREPARACIÓN** ... **25 MINUTOS**
**COCCIÓN** ... **1 HORA 40 MINUTOS**

1 pizca de hebras de azafrán
2 cucharadas de agua recién hervida
1 cucharada de aceite de oliva (si usas verduras en conserva, utiliza el aceite del bote)
1 cebolla dulce, picada
2 dientes de ajo, majados
250 g (9 oz) de arroz de grano corto
1 vasito de vino blanco seco (opcional)
1 litro (34 fl oz) de caldo de verduras o de agua
8 tomates grandes (del tamaño de la palma de la mano y de 2,5 kg/5 lb 10 oz de peso total)
300 g (10½ oz) de verduras en conserva en aceite de oliva (véase la introducción)
30 g (1 oz) de piñones, tostados
4 ramitas de orégano, deshojadas, con las hojas picadas
4 ramitas de tomillo, deshojadas, con las hojas picadas
1 puñado de eneldo, picado
1 puñado de perejil, picado
1 chorro de aceite de oliva virgen extra o de la conserva de las verduras
sal y pimienta negra recién molida

Comienza por el relleno de arroz que, básicamente, es un risotto «para vagos» que se elabora con ingredientes similares pero con mucho menos cuidado a la hora de añadir el caldo gradualmente. Vierte el agua recién hervida sobre las hebras de azafrán en una taza pequeña y deja reposar.

Calienta la cucharada de aceite (de oliva o de la verdura en conserva) en una sartén mediana a fuego más bien bajo. Añade la cebolla con una buena pizca de sal y sofríe poco a poco, removiendo con frecuencia, 7-8 minutos o hasta que se haya pochado y esté translúcida, pero aún no haya adquirido color. Añade el ajo, remueve y sofríe 1 minuto escaso, añade el arroz y remueve para que se unte bien. Sube el fuego un poco, añade el vino (si has decidido usarlo) y deja que hierva hasta que se haya evaporado casi por completo. Ahora, añade el caldo o el agua y lleva a ebullición rápida 25-30 minutos. Vigila constantemente y remueve con frecuencia, sobre todo hacia el final, porque es fácil que el arroz se pegue a medida que se espesa. Al final, el arroz debería estar casi hecho, pero con una textura aún pastosa y casi sin líquido. Retira del fuego, añade el agua con el azafrán y remueve. Reserva para que se enfríe un poco.

Precalienta el horno a 170 °C (340 °F/gas 3).

Dispón los tomates sobre una tabla de cortar y ten un cuenco vacío al lado. Corta horizontalmente el «sombrero» de los tomates, idealmente con un cuchillo de sierra. Extrae la pulpa con una cucharilla (los tomates de este

tamaño acostumbran a tener una pulpa bastante densa) y sostenlos sobre el cuenco para eliminar la mayoría de las semillas. Trocea groseramente la pulpa y desecha las partes más duras.

Añade al arroz la pulpa de tomate troceada, las verduritas troceadas, los piñones y todas las hierbas aromáticas. Añade una buena cantidad de pimienta molida y un poco de sal, al gusto; debería quedar muy salpimentado (puedes probar la mezcla, aunque el arroz aún estará algo duro). Vierte un poco de aceite en una fuente para horno grande y deposita los tomates. Rellénalos generosamente con ayuda de una cuchara. Vuelve a ponerles el «sombrero», presiona con firmeza, y riega con un poco más de aceite.

Hornea 1 hora o hasta que estén completamente tiernos, pero todavía conserven la forma. Sírvelos tanto calientes como a temperatura ambiente con cualquier combinación de hojas de lechuga, verduras a la brasa, lentejas o legumbres, queso con carácter e incluso como parte de una barbacoa. ¡Usa la imaginación!

# Crema de berenjenas asadas condimentada con hilbeh

Esta receta es ideal a principios de otoño más que al final, antes de que los días sean demasiado fríos y cuando las berenjenas aún son abundantes. Prepararás dos salsas: la primera es una pasta de hierbas muy especiada inspirada en el *hilbeh* yemení (si no sabías qué hacer con esas semillas de fenogreco duras como una piedra que guardas en la alhacena, ¡aprovecha ahora!) y la segunda es una deliciosa variación de un baba ganoush con pulpa de berenjena asada, ajo y tahina batidos. No he especificado con qué verduras acompañar las salsas, porque variarán en función de la temporada. Opta por verduras frescas y crujientes que contrasten con las salsas sobre un lecho de pan sin levadura.

**RECETA VEGANA**
**4 RACIONES** .......... **COMO ENTRANTE O ENTREMÉS**
**PREPARACIÓN** .......... **30 MINUTOS**
**REMOJO DE LAS SEMILLAS** .......... **24 HORAS**
**COCCIÓN** .......... **15 MINUTOS**

**PARA EL *HILBEH***

2 cucharadas de semillas de fenogreco
4 tomates de pera
3 dientes de ajo, majados
1 puñadito de hojas de cilantro, y los tallos
3 chiles de ojo de pájaro picantes pequeños
1 cucharadita de cúrcuma molida
½ cucharadita de semillas de alcaravea, tostadas
2 cucharadas de zumo de limón
3 cucharadas de aceite de oliva virgen extra, y un poco más para aliñar

**PARA LA CREMA DE BERENJENAS ASADAS**

2 berenjenas grandes
100-120 ml (3½ - 4 fl oz) de aceite de oliva virgen extra, según se necesite
1 cucharadita de semillas de comino, tostadas y majadas
4 dientes de ajo grandes, picados
½ cucharadita de sal marina
150 ml (5 fl oz) de tahina ligera bien removida
el zumo de 2 limones
sal y pimienta negra recién molida

**PARA SERVIR**

un arcoíris de maravillosas verduras crudas y tiras templadas de pan sin levadura, dispuestas alrededor de la crema en una fuente de servir

Para el *hilbeh*, DEBES poner en remojo las semillas de fenogreco en agua fría toda la noche y preferiblemente 24 horas. Así se ablandarán y perderán el amargor. Escúrrelas y pásalas a una batidora (preferiblemente de las de vaso único con forma de bala).

Marca con un cuchillo afilado una cruz no muy profunda en la base de los tomates, deposítalos en un cuenco resistente al calor y cúbrelos con agua recién hervida en el hervidor. Blanquéalos 1 minuto, desecha con cuidado el agua caliente y pélalos, empezando por la cruz que has marcado. Corta los tomates por la mitad y extrae las semillas con una cuchara. Añade la pulpa del tomate a la batidora con las semillas de fenogreco.

Añade el resto de los ingredientes a la batidora y tritura hasta que obtengas una pasta de textura fina. Añade más aceite si es necesario para que las cuchillas se deslicen con soltura. Salpimienta al gusto, tapa y usa inmediatamente o refrigera si has preparado el *hilbeh* con hasta 24 horas de antelación.

Para la crema de berenjena ahumada, enciende el grill a máxima potencia. Pincha las berenjenas en toda su superficie con una brocheta, píntalas con 1 cucharada de aceite y mételas bajo el grill unos 15 minutos en total, girándolas con pinzas hasta que toda la piel esté carbonizada y la pulpa, blanda. También lo puedes hacer directamente sobre un fogón de gas, en la barbacoa o en un horno a alta temperatura. Una vez se hayan enfriado lo suficiente, retira las pieles chamuscadas.

Pon la pulpa templada en una trituradora con el comino, el ajo, la sal, la tahina y el zumo de limón. Tritura hasta que obtengas un puré sin grumos y añade poco a poco el aceite suficiente para convertirlo en una crema

aterciopelada. Pruébala y rectifica de zumo de limón o de sal si es necesario. Eso sí, recuerda que el sabor cambiará ligeramente cuando añadas el *hilbeh*.

Sirve la crema de berenjenas templada con parte del *hilbeh* por encima, a cucharadas, o mezclado (puedes servir el resto solo en otro cuenco) y remata con un chorrito de aceite de oliva virgen extra.

Para servir, compón una bandeja bonita con tantas verduras de temporada crudas como quieras. Asegúrate de que las verduras sean multicolores y crujientes, córtalas en trozos que se puedan untar y acompáñalas con pan sin levadura, a tiras o troceado.

**NOTA**

Si quieres simplificar la receta, haz solo la crema de berenjena, sin el *hilbeh*.

# Ensalada de remolacha rayada, hojas amargas y halloumi con aliño de higos y cardamomo

El aliño agridulce para esta exquisita ensalada pictórica es mermelada de higo aligerada con aceite de oliva virgen extra y más vinagre al gusto. Duplica o triplica las cantidades (excepto del anís estrellado) si quieres preparar más mermelada que tener a punto para una tabla de quesos otoñal o para acompañar a halloumi a la plancha, higos laminados y hojas de rúcula en un bocadillo de pan de masa madre tostado.

**4 RACIONES** ........ **CON PAN DE BUENA CALIDAD**
**PREPARACIÓN** ........ **30 MINUTOS**
**COCCIÓN** ........ **1 HORA**

**PARA LA MERMELADA/ALIÑO DE HIGOS**

1 higo grande y maduro, troceado
1 cucharadita de azúcar moreno
1 cucharada de vinagre de vino tinto
1 anís estrellado
3 vainas de cardamomo verde, majadas, con las semillas retiradas y molidas

**PARA LA ENSALADA**

4 remolachas rayadas medianas, con la piel frotada
3 dientes de ajo, sin pelar y enteros
6 ramitas de tomillo
6 cucharadas de aceite de oliva virgen extra, y un poco más para servir
4 cucharadas de vinagre de vino tinto
1 endibia roja, con las hojas separadas
1 achicoria roja pequeña, con las hojas separadas
2 bloques de halloumi de 250 g (9 oz), escurridos y en lonchas de 2 cm (¾ in) de grosor
8 higos muy maduros, en trozos
sal y pimienta negra recién molida

**PARA SERVIR**

pan crujiente (opcional)

Deposita en un cazo pequeño todos los ingredientes de la mermelada de higos, que será la base del aliño de la ensalada. Calienta a fuego medio y lleva a ebullición. Deja reducir, sin dejar de remover, unos 6 minutos o hasta que se espese y adquiera la consistencia de mermelada, pero sin que se llegue a quemar.

Precalienta el horno a 190 °C (375 °F/gas 5).

Dispón las remolachas sobre una hoja de papel de aluminio grande, añade los dientes de ajo con la piel, 4 ramitas de tomillo y 2 cucharadas de aceite de oliva y otras 2 cucharadas de vinagre. Sella bien los bordes, para hacer un hatillo, y asa 45-55 minutos, o hasta que estén tiernas cuando las pinches con un cuchillo. (No es necesario que abras el hatillo, mete el cuchillo entre los pliegues del aluminio.) Cuando se hayan enfriado lo suficiente, pela las remolachas y córtalas en rodajas. Pela y maja el ajo asado, añádelo al líquido que quede en el hatillo y reserva para añadirlo al aliño más adelante.

Añade a los líquidos de cocción de la remolacha la mermelada de higos y el aceite de oliva virgen extra y el vinagre suficientes para obtener un delicioso aliño agridulce. Rectifica de sal y de pimienta al gusto. Si te parece que el aliño es demasiado espeso (dependerá de la cantidad de zumo de remolacha que conserves), añade un chorro de agua generoso para aligerar la consistencia de la vinagreta.

Cuando vayas a servir la ensalada, seca las lonchas de halloumi con papel de cocina y píntalas ligeramente con 1 cucharada de aceite de oliva, abundante pimienta negra y las hojas de las ramitas de tomillo que quedan. Márcalas en una sartén sin aceite muy caliente y dora todas las caras.

Dispón las rodajas de remolacha, las hojas de endibia roja y de achicoria roja, el halloumi caliente y los higos troceados en una fuente de servir. Reparte el aliño por encima con una cuchara y sirve la ensalada acompañada de crujiente pan templado.

# Guiso de calabaza e hinojo asados con judías blancas, laurel y ajo

Este guiso es mucho más que la suma de sus reconfortantes ingredientes, que incluyen una base dulce de hinojo (esta es una de las pocas recetas sin cebolla del libro). Uno de mis objetivos para el libro era crear recetas infalibles para cenas fáciles y deliciosas entre semana y, sin duda, esta es una de ellas.

Pon en remojo en agua muy salada las semillas de la calabaza 10 minutos, escúrrelas, úntalas en aceite de oliva y añádelas a la bandeja donde estarás asando la calabaza los últimos 10 minutos de cocción o hasta que se doren. Esparce las semillas crujientes y saladas sobre el guiso antes de servir.

**RECETA VEGANA**
**4 RACIONES**
**PREPARACIÓN** ........ **25 MINUTOS**
**COCCIÓN** ........ **1 HORA 20 MINUTOS**

800 g (1 lb 12 oz) de calabaza pelada, cortada en trozos de 4 cm (1½ in)
4 cucharadas de aceite de oliva virgen extra, o el que necesites
1 cabeza de ajos grande
1 bulbo de hinojo grande, con los extremos recortados y picado fino, con las frondas reservadas y picadas
8 tomates secos en aceite, escurridos y en láminas
1 vasito de vino blanco seco (unos 150 ml/5 fl oz, si quieres ser exacto)
1 bote de 660 g (1 lb 7 oz) de judías blancas, con el aquafaba
3 hojas de laurel, estrujadas
500 ml (17 fl oz) de caldo de verduras ligero
un poco de zumo de limón (opcional)
sal y pimienta negra recién molida

**PARA SERVIR**

pan de buena calidad caliente

Precalienta el horno a 190 °C (375 °F/gas 5).

Dispón los trozos de calabaza en una fuente grande apta para horno, riégalos con un buen chorro de aceite, salpimiéntalos y colócalos de modo que queden en una sola capa. Corta la parte superior de la cabeza de ajos horizontalmente y a ras, lo justo para exponer los cremosos dientes del interior. Riega con más aceite de oliva y deposita la cabeza de ajos en el centro de la fuente de la calabaza. Asa 40 minutos o hasta que la calabaza se haya caramelizado, pero aún conserve la forma, y el ajo esté blando. Extrae la pulpa de los dientes de ajo, pásala a un cuenco y reserva. Desecha la piel.

Mientras, calienta a fuego bajo un buen chorro de aceite en una cazuela de barro o en un cazo de fondo grueso. Añade el hinojo con una pizca de sal y sofríelo despacio, como si fuera cebolla. Mantén en el fuego al menos 10 minutos, hasta que se vuelva translúcido y se endulce. Añade los tomates secos y cuece 5 minutos más, sube el fuego y añade el vino. Remueve y vuelve a reducir el fuego cuando el líquido se haya evaporado.

Añade las judías con el aquafaba, el ajo asado que has reservado y el caldo. Cubre parcialmente con una tapa y hierve a fuego bajo 20 minutos. Retira la tapa y, si ves que aún queda demasiado líquido, deja que hierva un poco más. Las judías deberían estar tiernas y cremosas y deberían empezar a abrirse y a espesar el guiso. Añade la calabaza con cuidado, para no aplastarla demasiado. El vino debería haber añadido un toque ácido, pero valora la posibilidad de añadir un poco de zumo de limón para darle más vida si no notas la acidez.

Sirve con pan caliente, en platos hondos calientes y con las hojas de hinojo picadas esparcidas por encima.

# Ensalada de berenjena ahumada, fideos de arroz y frutos secos ahumados

Más maneras deliciosas de preparar una heroína otoñal: la berenjena asada y cortada a tiras combina a la perfección con el tomate, los berros, los fideos de arroz, montones de hierbas aromáticas, edamame y frutos secos ahumados nada convencionales en esta deliciosa ensalada de inspiración vietnamita.

**RECETA VEGANA**
**4 RACIONES**
**PREPARACIÓN** ............ **20 MINUTOS**
**COCCIÓN** ............ **30 MINUTOS**

**PARA EL ALIÑO**

1 cebolla roja pequeña o 2 chalotas, cortadas por la mitad y en láminas finísimas
1-2 cucharadas de vinagre de arroz, según se necesite
1 tallo de hierba de limón, limpio y picado finamente
1 trozo de galangal o de raíz de jengibre fresca, del tamaño de un pulgar, pelado y picado finamente
1 chile rojo, picado fino
1 diente de ajo grande, picado fino
4 cucharadas de salsa de «pescado» vegana
4 cucharadas de aceite de sésamo tostado
2 cucharadas de azúcar de palma o de azúcar moreno
el zumo de 2 limas

**PARA LA ENSALADA**

1 berenjena muy grande o 2 medianas
1 cucharada de aceite de oliva
2 manojos de fideos de arroz integrales
2 puñados de hojas de hierbas aromáticas blandas, como menta o cilantro
120 g (4 oz) de edamame desgranado, descongelado si procede
150 g (5 oz) de tomates de sabor intenso, troceados groseramente o en rodajas
50 g (1¾ oz) (un puñado grande) de berros tiernos
50 g (1¾ oz) de nueces de macadamia o de anacardos ahumados, majados

Para el aliño, pon las finísimas rodajas de cebolla roja o de chalota en remojo en un cuenco con agua fría 10 minutos. Escúrrelas y sécalas a toquecitos con un trapo de cocina.

Mezcla el resto de los ingredientes del aliño con 3 cucharadas de agua en un tarro pequeño con tapa (de momento, añade solo 1 cucharada de vinagre), agítalo bien para mezclar los ingredientes y ajusta el equilibrio salado-ácido-dulce-picante al gusto. Si las limas eran grandes, es posible que no necesites añadir más vinagre. Pasa las rodajas de cebolla a un cuenco con 2 cucharadas del aliño y deja reposar 15 minutos. Reserva el resto del aliño.

Mientras, enciende el grill a máxima potencia. Pincha toda la superficie de las berenjenas con una brocheta, píntalas con aceite y colócalas bajo el grill unos 15 minutos en total, girándolas con pinzas hasta que toda la piel esté negra y la pulpa, blanda. También lo puedes hacer directamente sobre un fogón de gas, en la barbacoa o en un horno a alta temperatura. Una vez se hayan enfriado lo suficiente, pela las pieles chamuscadas (no te preocupes si te dejas un poco) y corta con cuidado la pulpa a tiras. Resérvalas.

Cuece los fideos de arroz siguiendo las instrucciones del fabricante, y escúrrelos. Con unas tijeras, córtalos en fragmentos ligeramente más cortos y vuélcalos en una ensaladera grande, con el aliño, las hierbas, la cebolla marinada, la berenjena, los edamame, los tomates, los berros y la mitad de los frutos secos ahumados. Remueve con suavidad para mezclarlo todo y esparce el resto de los frutos secos por encima.

# Mazorca de maíz con raita de mango en conserva

Una manera distinta de preparar las mazorcas de maíz, por si a estas alturas de la temporada ya te has cansado de las mazorcas con mantequilla sin más y estás dispuesto a aventurarte. Aunque es posible que sea llevar las cosas demasiado lejos para algunos, si realmente te va la aventura, te sugiero que, antes de empezar a comer, añadas un poco de queso feta o de queso ricota chipriota desmenuzado a los granos condimentados.

**4 RACIONES** ........ **COMO ACOMPAÑAMIENTO**
**PREPARACIÓN** ........ **15 MINUTOS**
**COCCIÓN** ........ **30 MINUTOS**

4 mazorcas de maíz grandes, con la farfolla
50 g (1¾ oz) de almendras laminadas
50 g (1¾ oz) de semillas de cáñamo sin cáscara
2 cucharaditas de semillas de comino
2 cucharaditas de semillas de cilantro
1½ cucharaditas de curri de intensidad media en polvo
½ cucharadita de menta seca
3 cucharadas de mayonesa
3 cucharadas de yogur natural
1½ cucharadas de mango en conserva
1 chorrito de zumo de lima
1 puñado de hojas de menta, picadas groseramente, reservando las hojas pequeñas para la guarnición
1 puñado de hojas de cilantro, picadas groseramente, reservando las hojas pequeñas para la guarnición
sal y pimienta negra recién molida

Precalienta el horno a 200 °C (400 °F/gas 6).

Dispón las mazorcas directamente en la rejilla del horno a media altura, espaciándolas para que no se toquen y enteras, con la farfolla incluida. Ásalas 25 minutos y sácalas del horno con ayuda de un guante de horno. Envuélvelas en un trapo de cocina limpio y déjalas así 10 minutos más para que se sigan cociendo en la farfolla.

Mientras, extiende las almendras laminadas sobre una bandeja de horno y tuéstalas en el horno 3 minutos. Espolvorea por encima las semillas de cáñamo y vuelve a meter la bandeja en el horno 2-3 minutos o hasta que las almendras y las semillas se hayan tostado ligeramente.

Tuesta las semillas de comino y de cilantro en una sartén sin aceite 1 minuto y añade el curri en polvo los últimos 30 segundos. Maja las semillas en un mortero, añade la mitad a las almendras tostadas y vuelca el resto de las semillas majadas en un cuenco. Añade a este la menta seca, la mayonesa, el yogur, el mango en conserva y el zumo de lima, para elaborar la salsa. Salpimienta con moderación. Esparce la menta fresca y el cilantro en un plato.

Quita los hilos de las mazorcas y pela las farfollas hacia atrás de modo que formen un mango. Unta ligeramente las mazorcas en la salsa de yogur y extiéndela sobre los granos con ayuda de una cuchara. Haz rodar la mazorca sobre las almendras y las semillas de cáñamo y luego sobre las hojas que has reservado, para que se peguen a la salsa.

# Curri fragante de berenjena, tomate y habas de Lima

Cuando se hacen fotografías para un libro de cocina, siempre hay algunas que destacan, y esta es una de ellas. Es una receta magnífica, con un curri fresco, equilibrado y aromático que se funde con la pulpa de una berenjena entera asada para cada comensal. Las habas de Lima o pallares son un añadido que, si bien no es auténtico, es muy bienvenido porque absorbe los sabores y añade sustancia. Si te apetece un poco más de verde, agrega un par de puñados de espinacas frescas al final de la cocción.

Cuando prepares los tallos de la hierba de limón, tendrás que retirar muchas capas externas leñosas antes de llegar al núcleo interior, más tierno. En casa, en lugar de compostar las partes duras, las congelo y las añado al agua en que hiervo arroz blanco, para imbuir a los granos de un sutil sabor a cítricos.

**RECETA VEGANA**
**4 RACIONES**
**PREPARACIÓN** ........ **35 MINUTOS**
**COCCIÓN** ........ **1 HORA**

4 berenjenas finas, de unos 250 g (9 oz) cada una
1 cucharada de aceite de cacahuete

**PARA LA PASTA DE CURRI**

2 tallos de hierba de limón, limpios y troceados
2 chalotas pequeñas, picadas
2 chiles verdes, picados (sin las semillas, si lo prefieres)
2 trozos de raíz de jengibre del tamaño de un pulgar, pelados y picados
1 trozo de cúrcuma del tamaño de un pulgar, picado, o 1 cucharadita de cúrcuma molida
2 dientes de ajo grandes, picados

**PARA EL CURRI**

600 g (1 lb 5 oz) de tomates medianos
1 cucharada de aceite de coco o de cacahuete
1 cucharada de azúcar de palma o de azúcar moreno
4 hojas de lima, estrujadas
2 cucharadas de pasta de tamarindo
500 g (1 lb 2 oz) de habas de Lima cocidas, escurridas (secas y luego cocidas o 2 botes de 400 g/14 oz, escurridas)
400 ml (13 fl oz) de leche de coco
150 ml (5 fl oz) de caldo de verduras
sal y pimienta negra recién molida

**PARA SERVIR**

arroz blanco al vapor
albahaca tailandesa o cilantro
cuñas de piña
chiles en rodajas

Precalienta el horno a 250 °C (480 °F/gas máx.) o a la temperatura máxima.

Pincha las berenjenas por toda su superficie con un tenedor, píntalas ligeramente con el aceite de cacahuete y deposítalas en una bandeja de horno. Ásalas 30 minutos, dándoles la vuelta a la mitad con la ayuda de unas pinzas, hasta que la piel se haya ennegrecido y estén completamente blandas. Reserva.

Mientras, marca con un cuchillo afilado una cruz no muy profunda en la base de los tomates, deposítalos en un cuenco resistente al calor y cúbrelos con agua recién hervida en el hervidor. Blanquéalos 1 minuto, desecha con cuidado el agua caliente y los pélalos, empezando por la cruz que has marcado. Trocea groseramente la mitad de los tomates y corta por la mitad el resto, sin preocuparte por las semillas o la pulpa. Lo puedes conservar todo, para potenciar el sabor.

Tritura todos los ingredientes de la salsa de curri en un robot de cocina hasta que queden troceados muy finos o májalos a mano en un mortero hasta que obtengas una pasta gruesa.

En una cazuela o un wok con tapa aptos para fogones de gas, fríe lentamente la pasta de curri en el aceite de coco o de cacahuete, manteniendo el fuego bastante bajo para que los aromáticos se ablanden y se caramelicen. Añade el azúcar y cuece 1 minuto, para a continuación añadir las hojas de lima, el tamarindo, las habas de Lima, el tomate troceado, la leche de coco y el caldo. Hierve a fuego bajo 5 minutos y añade los tomates pelados y cortados por la mitad. Mantén en el fuego 15 minutos más o hasta que el curri haya espesado y las mitades de tomate se hayan ablandado.

Añade al curri las berenjenas asadas, pero antes ábrelas longitudinalmente con un cuchillo afilado para revelar el interior. Empújalas para sumergirlas en el líquido. Cuécelas a fuego bajo unos minutos, retira del fuego y rectifica de sal y de pimienta si es necesario. Piensa: ¿necesita más sal, zumo de lima o azúcar de palma o, quizás, se ha de reducir un poco más para concentrar los sabores? La base de curri debería ser dulce, ácida, intensa y ligeramente salada, con un ligero toque picante, por lo que esta es tu oportunidad para hacer brillar al plato según tus gustos.

Sirve sobre arroz blanco al vapor, con hojas de albahaca tailandesa o cilantro esparcidas por encima y asegúrate de que la berenjena sea la estrella de todos los platos. Si lo prefieres, pela y desecha la piel chamuscada de la berenjena a medida que comas, pero te la puedes comer. Ofrece cuñas de lima y chile en rodajas para exprimirlas y esparcirlas, respectivamente, sobre los platos.

# Sopa de calabaza y de maíz con queso de cabra

Los chiles chipotles en adobo (muy fáciles de encontrar ya sea enteros en lata, ya sea triturados y en forma de pasta en tarros pequeños) son increíblemente útiles a la hora de añadir profundidad y un toque ahumado a verduras de otoño dulces por naturaleza. Aquí tenemos un trío clásico de calabaza, tomates tardíos y las últimas mazorcas de maíz en una sopa de textura aterciopelada. El horno hará la mayor parte del trabajo por ti y caramelizará la verdura de manera uniforme, lo que te ahorrará la molestia de tener que sofreír, o incluso picar, una base de chalota y ajo. Advertencia evidente: si quieres que la sopa no contenga lácteos, usa una versión vegana de queso de cabra.

**4 RACIONES**
**PREPARACIÓN** ............ **30 MINUTOS**
**COCCIÓN** ............ **1 HORA 10-20 MINUTOS**

1 calabaza de 1 kg (2 lb 4 oz) naranja de pulpa densa, sin semillas, pelada y cortada en 8 cuñas largas
4 cucharadas de aceite de oliva
4 chalotas pequeñas y delgadas, enteras y con la piel
4 dientes de ajo, enteros y con la piel
4 ramitas de romero
100 ml (3½ fl oz) de jerez seco
400 g (14 oz) de tomates de pera, troceados gruesos, o en conserva
1½ cucharadas de pasta de chiles chipotles
800 ml (28 fl oz) de caldo de verduras
300 g (10½ oz) de granos de maíz, frescos y recién desgranados de 2 mazorcas o congelados
100 g (3½ oz) de queso de cabra cremoso
1 chile rojo grande, en rodajas finas
sal y pimienta recién molida
1 chorro de zumo de lima o de limón (opcional)

**PARA SERVIR**

1 puñado de hojas de cilantro

Precalienta el horno a 190 °C (375 °F/gas 5).

Pinta las cuñas de calabaza con 2 cucharadas de aceite y extiéndelas en una sola capa sobre una fuente de fondo grueso apta para horno. Con un cuchillo afilado, marca una hendidura en las chalotas y añádelas a la fuente. Riega con un chorro de aceite todo el contenido de la fuente, salpimienta y asa 25 minutos. Añade el ajo y el romero y vuelve a meter la fuente en el horno 20-25 minutos más o hasta que la calabaza se haya ablandado y caramelizado. Desecha el romero y, cuando se hayan enfriado lo suficiente, pela las chalotas y los dientes de ajo. Desecha la piel.

Rasca el fondo de la fuente y vuelca todo el contenido en una cazuela o cazo apto para horno. Calienta la fuente del horno a fuego medio. Añade el jerez y usa una espátula resistente al fuego para despegar los fragmentos caramelizados del fondo. Añade los tomates y la pasta de chile sin dejar de remover. Vuelca el líquido hirviendo en la cazuela y pon la cazuela en el fuego. Añade el caldo y todos los granos de maíz, excepto un puñadito, que reservarás. Lleva a ebullición. Baja el fuego para que el líquido hierva con suavidad, tapa la cazuela parcialmente y hierve a fuego bajo 15-20 minutos.

Tritúralo todo en la misma cazuela con una batidora de mano o deja enfriar la sopa 15 minutos antes de volcarla en un robot de cocina vertical. Una vez hayas obtenido una crema aterciopelada, devuélvela a la cazuela limpia y caliéntala a fuego bajo. Aunque los tomates ya son ácidos, cuando condimentes la crema, piensa si necesita un chorrito de zumo de lima o de limón para equilibrarla.

Sirve en boles calientes, y esparce por encima los granos de maíz que has reservado, las rodajitas de chile, cucharaditas de queso de cabra cremoso y las hojas de cilantro.

# Calabaza violín a la putanesca



Esta salsa para pasta especialmente picante y especiada soporta muy bien el umami y el dulzor adicionales que aportan los dados de calabaza violín asados y la generosa cantidad de tomates secos que, junto a las aceitunas y las tápenas más abundantes de lo habitual, compensan la ausencia de las anchoas tradicionales. No diré ni una palabra acerca del origen del nombre de la salsa, porque ya se ha explicado en innumerables ocasiones en otros lugares. ¡Búscalo en Google si tienes curiosidad! Además, dista mucho de ser una versión auténtica y es más una salsa «inspirada en». Ten en cuenta que con dos chiles será muy picante, mientas que uno aportará una nota más sutil, así que añade la cantidad que se adecue a tus gustos.

**RECETA VEGANA**
**4 RACIONES**
**PREPARACIÓN** ........ **25 MINUTOS**
**COCCIÓN** ........ **1 HORA**

500 g (1 lb 2 oz) de calabaza violín, pelada y cortada en dados de 2 cm (¾ in)
3 cucharadas de aceite de oliva del bote de los tomates secos
3 dientes de ajo, picados finos
1-2 chiles rojos, en rodajas, al gusto
1 cucharada colmada de puré (pasta) de tomate
100 g (3½ oz) de tomates secos en aceite de oliva, escurridos, reservando el aceite, y troceados
400 g (14 oz) de tomates en conserva troceados
350 g (12 oz) de espagueti o de una pasta larga similar
100 g (3½ oz) de aceitunas negras sin hueso, cortadas por la mitad si lo prefieres
1 cucharada de tápenas encurtidas, escurridas y enjuagadas
1 puñado de hojas de albahaca, troceadas
sal y pimienta negra recién molida

**PARA SERVIR**

queso duro vegano o vegetariano (opcional)

Precalienta el horno a 200 °C (400 °F/gas 6).

Deposita los dados de calabaza en una fuente grande apta para horno y úntalos con 1½ cucharadas de aceite. Ásalos 35-40 minutos o hasta que hayan adquirido buen color y siseen, pero aún conserven la forma. Lo puedes hacer con hasta un par de días de antelación si luego guardas la calabaza asada en el frigorífico.

Pon el ajo laminado en una sartén fría con el resto del aceite y calienta a fuego más bien bajo. Calienta bien el aceite y saltea el ajo 1-2 minutos, sin que se dore. Añade el chile, el puré de tomate y los tomates secos y sube el fuego un poco. Remueve casi sin parar 2 minutos, hasta que el puré de tomate se haya separado del aceite. Ahora añade el tomate en conserva y hierve a fuego bajo 10 minutos, removiendo de vez en cuando. Añade los dados de calabaza asada, las aceitunas y las tápenas, remueve bien y mantén en el fuego 1-2 minutos, hasta que todo se caliente.

Mientras, cuece la pasta en abundante agua salada hirviendo 8 minutos o según las instrucciones del fabricante. Cuando esté al dente, escúrrela en un colador y reserva un cazo del agua de cocción.

Vuelca la pasta en la cazuela con la salsa, añade un buen chorro del agua de cocción caliente y remueve con pinzas para que la pasta quede bien untada en la espesa salsa. Si está demasiado espesa, añade más agua de cocción y remueve de nuevo. Añade la albahaca y condimenta con la pimienta negra (comprueba el punto de sal, probablemente no necesite más, o muy poca). Sirve en platos hondos o en boles con más hojas de albahaca. Si te apetece, puedes servirlo con queso duro rallado en la mesa, pero la salsa ya es muy sabrosa y no lo necesita, estrictamente hablando.

# Calabaza especiada asada con labneh y cebolla crujiente

Para esta receta puedes usar cualquier tipo de calabaza de pulpa naranja y densa: la dorada calabaza violín será perfecta si no encuentras la kabocha de piel de sapo o la Crown Prince gris azulada. Aunque es excelente como acompañamiento, también puede ser un plato principal si lo acompañas de una ensalada de legumbres o cereales.

**4 RACIONES** ........ **COMO ACOMPAÑAMIENTO**
**PREPARACIÓN** ........ **20 MINUTOS**
**COCCIÓN** ........ **1 HORA**

1 calabaza kabocha o Crown Prince cortada por la mitad y sin semillas
4 cucharadas de aceite de oliva virgen extra, y un poco más para terminar el plato
4 cucharaditas de zatar (mezcla de especias y semillas)
2 cucharaditas de hojas de tomillo
50g (1¾ oz) de avellanas, majadas o troceadas
2 cebollas grandes, cortadas por la mitad y en rodajas finas
375 g (13 oz) de labneh, de cuajada de leche de cabra o de yogur griego entero muy espeso, fríos
1 puñadito de hojas de perejil
sal y pimienta negra recién molida

Precalienta el horno a 190 °C (375 °F/gas 5).

Corta cada mitad de calabaza en 4 cuñas iguales, que te darán un total de 8 (no es necesario que las peles). Píntalas con 2 cucharadas de aceite de oliva, deposítalas en una fuente para horno, salpimienta y asa 55 minutos o hasta que estén tiernas y doradas. Espolvoréalas con el zatar, el tomillo y las avellanas troceadas y vuelve a meterlas en el horno 5-7 minutos, o hasta que las avellanas se doren.

Mientras, pon las cebollas en una sartén con las otras 2 cucharadas de aceite de oliva y un pizca generosa de sal. Calienta a fuego más bien bajo 5 minutos o hasta que se pochen, removiendo con frecuencia. Sube a fuego medio y sigue sofriendo las cebollas, que ahora deberían estar siseando, 10 minutos hasta que se arruguen, adquieran un dolor tostado y se vuelvan crujientes en los bordes.

Dispón las cuñas de calabaza en una fuente para servir caliente, espolvoréalas con el resto de las avellanas troceadas y del zatar, úntalas con cucharadas de labneh (o de la alternativa que hayas elegido), la cebolla frita y el perejil. Para terminar, riega el plato con un chorrito de aceite de oliva virgen extra.

# Asado de cebolla de Figueras y pimiento con burrata y crujiente de chile

Una idea clásica, transformada para los meses de otoño. La sensual y cremosa burrata (o mozzarella) está acompañada de cebollas dulces y pimientos asados, salvia alimonada y un picante crujiente de chile.

**4 RACIONES** ........ **COMO ENTRANTE**
**PREPARACIÓN** ........ **25 MINUTOS**
**COCCIÓN** ........ **55 MINUTOS**

4 cebollas de Figueras o rojas, a cuartos, con la raíz intacta
unas 7 cucharadas de aceite de oliva virgen extra
4 cucharadas de vinagre balsámico de Módena añejo
6 pimientos de colores variados
75 g (3 oz) de pan de masa madre, troceado o desmigajado (en trozos grandes)
20 hojitas de salvia: 3 picadas muy finas y el resto, enteras
1 cucharadita escasa de copos de chile
1 diente de ajo, majado
4 burratas o mozzarellas de búfala
1 puñadito de perejil morado o verde, solo las hojas
sal y pimienta negra recién molida

Precalienta el horno a 200 °C (400 °F/gas 6).

Pon la cebolla en una fuente para horno con 1½ cucharadas del aceite de oliva y 1 cucharada del vinagre balsámico. Salpimienta y tapa con papel de aluminio. Asa 40 minutos y retira el papel de aluminio. Asa 10 minutos más o hasta que la cebolla esté blanda, dulce y caramelizada.

En otra fuente para horno, pinta los pimientos enteros con otra ½ cucharada de aceite y ásalos, sin tapar, 30 minutos o hasta que se hayan ablandado y carbonizado en algunas partes. Pásalos a un cuenco y tápalos con un plato. Reserva y deja que se sigan haciendo al vapor unos 10 minutos. Una vez se hayan enfriado lo suficiente, separa un poco los cuartos de cebolla, para obtener pétalos de cebolla, y pela los pimientos asados. Desecha las semillas y los tallos y corta la pulpa en tiras anchas. Reserva.

Tritura el pan de masa madre en un robot de cocina hasta que obtengas migas rústicas. No han de ser uniformes y no pasa nada si algunas son más grandes.

Fríe las hojas de salvia enteras en un poquito de aceite 1-2 minutos hasta que siseen, pero sin que adopten demasiado color. Resérvalas sobre un papel de cocina, donde se irán volviendo crujientes a medida que se enfríen.

Pon los copos de chile, el ajo y la salvia picada fina en una sartén con 2 cucharadas de aceite más. Sofríe a fuego medio 1 minuto, hasta que empiecen a sisear. Añade las migas de pan y mantén en el fuego hasta que se doren. Salpimienta.

Para servir, rodea cada burrata o mozzarella con la verdura asada. Riega con un poco más de aceite de oliva y el resto del vinagre balsámico, esparce por encima algunos copos de chile, las hojas de salvia enteras y la albahaca.

# Calabaza violín con especias cajún rellena de arroz verde y halloumi

A veces, un plato vegetariano tradicional es un éxito asegurado. Aunque esta calabaza asada rellena no ganaría ningún premio a la innovación culinaria, es extraordinariamente deliciosa y rica en sabores, por lo que es ideal para una cena de celebración cuando el tiempo empieza a refrescar. El arroz aromatizado con hierbas y acompañado de halloumi especiado se inspira parcialmente en una receta que escribí para la columna *Harvest* de la web de los supermercados británicos Waitrose.

**4 RACIONES** ........ **COMO PLATO PRINCIPAL ACOMPAÑADO DE ENSALADA**
**PREPARACIÓN** ........ **30 MINUTOS**
**COCCIÓN** ........ **1 HORA 15 MINUTOS**

2 calabazas violín pequeñas y «chatas» (de aprox. 1 kg/2 lb 4 oz cada una)
2 cucharadas de aceite de oliva
4 cucharaditas de especias cajún
200 g (7 oz) de arroz basmati integral
1 puñadito de perejil, con los tallos
¼ de cucharadita de sal
4 cebolletas, picadas groseramente
2 dientes de ajo, picados groseramente
2 chile verdes, picados groseramente
230 ml (8 fl oz) de caldo de verduras
1 lata de 400 g (14 oz) de frijoles negros, escurridos y enjuagados
2 bloques de 250 g (9 oz) de halloumi, escurrido y secado a toquecitos
3 limas: el zumo de 2 y la otra cortada en cuñas
1 aguacate maduro grande, partido por la mitad, deshuesado y con la pulpa extraída con cuchara o laminado
sal y pimienta negra recién molida

**PARA SERVIR**

salsa picante (opcional)

Precalienta el horno a 190 °C (375 °F/gas 5).

Corta las calabazas longitudinalmente por la mitad. Extrae las semillas con una cuchara sopera de modo que te queden cuatro hoyos y, con un cuchillo, marca el resto de la pulpa con un dibujo de rombos, con hendiduras de unos 2 cm (¾ in) de profundidad. Pinta cada mitad de calabaza con ½ cucharada de aceite de oliva y asegúrate de que el aceite entre en las hendiduras que has trazado. Salpimienta y asa 1 hora o hasta que la pulpa esté blanda y dorada. Espolvorea cada una de las mitades con ½ cucharadita de especias cajún y asa 15 minutos más.

Mientras, enjuaga el arroz en un colador bajo un grifo de agua fría. Escurre y transfiere a un cazo mediano, sin tapa, con 400 ml (13 fl oz) de agua. Lleva a ebullición y baja el fuego para que hierva lentamente 15 minutos. Retira el cazo del fuego y reserva (si es necesario, cuela el agua que quede).

Mientras, trocea groseramente una tercera parte de las hojas de cilantro y de perejil y guárdalas en el frigorífico hasta que las necesites. Pasa al vaso de un robot de cocina el resto de las hierbas, con los tallos incluidos, ¼ de cucharadita de sal, las 4 cebolletas, el ajo, los chiles y 150 ml (5 fl oz) de agua. Tritura hasta que obtengas un líquido de un verde intenso con motitas de un verde más oscuro.

Vierte el líquido de hierbas y el caldo en el cazo con el arroz. Lleva a ebullición y baja el fuego para que hierva lentamente. Tapa bien el cazo y mantenlo en el fuego 8 minutos. Añade los frijoles negros, vuelve a taparlo y prolonga a cocción 8-9 minutos o hasta que el arroz y los frijoles estén tiernos. Retira del fuego y deja reposar con la tapa 10 minutos. Luego, airea el arroz con un tenedor.

Mientras el arroz reposa, calienta a fuego alto una sartén sin aceite. Corta los bloques de halloumi en dados del tamaño de

un bocado. Pon las 2 cucharaditas restantes de especias cajún en un platito y reboza en ellas el halloumi. Pasa los dados de halloumi rebozados a la sartén caliente y hazlos a la plancha 1-2 minutos por cada lado, hasta que queden muy tostados en toda su superficie.

Añade el halloumi al arroz, junto el zumo de lima y las hierbas picadas que has reservado. Sirve el arroz en los hoyos de las mitades de calabaza asada. Aliña el aguacate con un poco de zumo de lima, sal y pimienta y añádelo al arroz o sírvelo como acompañamiento refrescante junto a una ensalada verde.

**NOTA**

Si te apetece, aliña con salsa picante y más zumo de lima, exprimiendo las cuñas en la mesa.

# Cuñas de calabaza asada con sambal de coco y tofu con sésamo



Ya sé que no es ni de lejos la única receta de calabaza asada del capítulo, pero es que hay estrellas de la temporada que merecen destacar. En mi opinión, una o dos cuñas generosas son ideales para construir un plato equilibrado, no solo porque son espectaculares, sino porque la dulce pulpa encaja muy bien con toda una variedad de sabores, sobre todo con los del Sureste Asiático que esta receta celebra.

**RECETA VEGANA**
**4 RACIONES**
**PREPARACIÓN** ........ **30 MINUTOS**
**COCCIÓN** ........ **1 HORA**

**PARA EL SAMBAL**

3 hojas de lima frescas, en juliana
2 cucharaditas de galangal o de raíz de jengibre fresca, pelada y rallada fina
½ cucharadita escasa de sal
1 cucharadita de azúcar de palma o de azúcar moreno
2 chalotas pequeñas o 1 grande, picadas muy finas
2 chiles rojos, sin semillas y picados finos
90 g (3 oz) de coco fresco, rallado groseramente
el zumo de ½ lima

**PARA LA CALABAZA Y EL TOFU**

1 calabaza pequeña, de pulpa naranja y densa, en cuartos y sin semillas
3 cucharadas de aceite de cacahuete o de aceite de oliva suave
1½ cucharaditas de polvo de cinco especias
2 cucharadas de coco deshidratado sin edulcorar
3 cucharadas de semillas de sésamo
2 cucharadas de harina de maíz
1 bloque de 450 g (1 lb) de tofu extrafirme, escurrido y en lonchas de 2 cm (¾ in) de grosor
2 cucharadas de aceite de sésamo
sal y pimienta negra recién molida

**PARA SERVIR**

1 puñado grande de berros o de espinacas baby

Para preparar el sambal, deposita las hojas de lima, el galangal o el jengibre, la sal y el azúcar en un mortero. Maja hasta que las hojas de lima se rompan. Añade las chalotas y los chiles y sigue majando hasta que obtengas una pasta gruesa. Añade el coco rallado y el zumo de lima. Usa el sambal inmediatamente o guárdalo en el frigorífico hasta 24 horas antes de servir.

Precalienta el horno a 190 °C (375 °F/gas 5).

Deposita las cuñas de calabaza en una fuente grande apta para horno, píntalas con 1 cucharada de aceite y ½ cucharadita del polvo de cinco especias y salpimiéntalas generosamente. Asa 35 minutos o hasta que justo se empiecen a ablandar. Esparce la mitad del coco deshidratado sobre la calabaza y vuelve a meterla en el horno 20-25 minutos. A estas alturas, los bordes de las cuñas se deberían haber caramelizado.

Mientras, mezcla las semillas de sésamo con el resto del coco deshidratado, la cucharadita restante del polvo de cinco especias, la harina de maíz y una buena pizca de sal y de pimienta negra en un plato pequeño. Reboza ligeramente y tan uniformemente como puedas las lonchas de tofu en la harina de maíz especiada. Dales toquecitos con los dedos para que el rebozado se adhiera.

Calienta una cucharada de aceite de sésamo y otra de aceite de cacahuete a fuego medio en una sartén grande apta para horno. Fríe la mitad de las lonchas de tofu en una sola capa 2 minutos por cada lado y dales la vuelta hasta que se doren. Pásalas a una bandeja de horno y repite el proceso con el resto del aceite y del tofu. Devuelve la primera tanda de tofu a la sartén, intentando que no se peguen entre ellas o con las de la segunda tanda, y mete la sartén en el horno. Asa el tofu 5 minutos o hasta que se dore.

Sirve cada cuña de calabaza con una pila de lonchas de tofu, una cucharada del picante sambal y un puñado de hojas de berros o de espinacas.

# Tarta Tatin de zanahoria y chalotas con ensalada de hinojo

Esta es una tarta invertida con zanahoria glaseada con un caramelo de vinagre de Jerez sobre un sofrito de chalotas dulces, semillas de hinojo crujientes y copos de chile picantes. En lugar de un hojaldre tradicional, la de la tarta es una masa vegana que recuerda a la de los panecillos ingleses (*scones*) y que se prepara en cuestión de minutos. También puedes usar masa quebrada comprada o casera, o incluso masa para pizza.

**RECETA VEGANA**
**6 RACIONES**
**PREPARACIÓN** ........ **40 MINUTOS**
**COCCIÓN** ........ **1 HORA 30 MINUTOS**

unos 110 ml (3¾ fl oz) de aceite de oliva virgen extra
400 g (14 oz) de chalotas, cortadas por la mitad y en rodajas finas
1 kg (2 lb 4 oz) de zanahorias gruesas, peladas y cortadas en cilindros de 3 cm (1¼ in)
25 ml (1½ cucharadas) de leche vegetal, por ejemplo de almendra o de avena, sin edulcorantes
3 cucharadas rasas (es importante que lo sean) de yogur vegano natural (soja, avena o coco)
2 cucharadas y 1 cucharadita de sirope de arce o miel vegana (o miel suave, si puedes tomarla)
250 g (9 oz) de harina de trigo
2 cucharaditas de levadura
½ cucharadita de sal fina
1 puñado de eneldo, picado fino
5 cucharadas de vinagre de vino tinto o de Jerez
2 cucharaditas de semillas de hinojo
1 pizca generosa de copos de chile (opcionales)
1 bulbo de hinojo grande, limpio y laminado muy fino, con las frondas reservadas
la ralladura y el zumo de 1 limón
sal y pimienta negra recién molida

Calienta 1 cucharada de aceite de oliva a fuego bajo en una sartén y añade las chalotas y una pizca de sal. Pocha 30 minutos, removiendo con frecuencia, hasta que se vuelvan muy blandas y adquieran una consistencia parecida a mermelada. Salpimienta al gusto y reserva.

Añade otra cucharada de aceite a la sartén y sofríe la zanahoria a fuego medio. Tardarás unos 15 minutos en conseguir que los trozos se tuesten ligeramente por todos los lados. Vuélcalos en un cuenco y reserva.

Precalienta el horno a 190 °C (375 °F/gas 5).

Mezcla la leche vegetal y el yogur vegano con 1 cucharadita de sirope de arce (o miel) y 75 ml (2½ fl oz) de aceite de oliva. Vuelca esta mezcla junto a la harina, la levadura, la sal y 2 cucharadas del eneldo picado en un cuenco y bate rápidamente con una espátula hasta que obtengas una masa blanda, similar a la masa para *scones*. Si te da la impresión de que sigue demasiado húmeda, añade más harina (puede variar en función del día). Estira la masa entre dos hojas de papel de horno antiadherente hasta que consigas un disco ligeramente más grande que la sartén y mételo en el frigorífico, aún en entre las hojas de papel de horno, 10 minutos.

Para la tarta, necesitarás una sartén de 23 cm (9 in) de diámetro, antiadherente y apta para horno. Caliéntala a fuego medio. Añade el vinagre y las 2 cucharadas de sirope de arce (o miel) restantes con las semillas de hinojo y los copos de chile, si has decidido usarlos. Deja reducir 2-3 minutos hasta que obtengas un sirope sin el aroma acre del vinagre. Dispón en vertical los cilindros de zanahoria en una sola capa apretada en la sartén. Deja que el sirope siga hirviendo unos 3-4 minutos. Esto ayudará a que la zanahoria se caramelice por debajo.

Retira la sartén del fuego y, con cuidado, cubre la zanahoria con la mermelada de chalota, extendiéndola de manera uniforme

con el dorso de una cuchara. Retira la hoja de papel de horno inferior y tapa la sartén con la masa. Retira la hoja de papel superior y aprieta rápidamente los bordes alrededor del perímetro de la sartén (quedará irregular, no pasa nada). Mete la sartén en el horno a media altura. La tarta tardará unos 50 minutos en hacerse del todo. La masa debería quedar entre dorada y tostada por encima, con el caramelo burbujeando por los bordes.

Mezcla las láminas de hinojo con el zumo y la ralladura de limón, un chorro de aceite de oliva virgen extra y el resto del eneldo picado y las frondas del bulbo que hayas podido reservar. Salpimienta.

Saca la tarta del horno y deja que repose 5-10 minutos. Tapa la sartén con la fuente de servir boca abajo (elige una con reborde, para que contenga el caramelo) y usa trapos de cocina para no quemarte mientras giras con mucho cuidado la sartén para que la tarta caiga en la fuente. Adorna el centro de la tarta con una montañita de ensalada de hinojo crujiente antes de servir.

# Sopa de apio asado y castañas

Estoy dispuesta a admitir que esta sopa no dice mucho hasta que se le añaden los trocitos crujientes de manzana, castaña y apio para adornarla, pero recuerda que las apariencias engañan. Tal y como acostumbro a hacer con las sopas de otoño y de invierno, aquí también he delegado en el horno la tarea de caramelizar y de concentrar los ingredientes principales, lo que reduce tanto el tiempo de cocinado activo como el tiempo de limpieza. Las castañas, la manzana y el tierno apio asado crean una sopa cremosa a la que un crucial chorrito de zumo de limón aporta una chispa deslumbrante. Si quieres variar ligeramente la receta, añade semillas de alcaravea tostadas a la base antes de triturarla o un poco de nata líquida y de queso azul desmenuzado junto a las láminas de manzana (obviamente, entonces dejará de ser una receta vegana).

**RECETA VEGANA**
**4 RACIONES**
**PREPARACIÓN 15 MINUTOS**
**COCCIÓN 1 HORA 20 MINUTOS**

2 manzanas crujientes (de postre) pequeñas
1 cabeza de apio pequeña (700 g/1 lb 9 oz), enjuagada y con las hojas reservadas
1 cebolla blanca dulce, a cuartos
4 dientes de ajo, sin pelar y enteros
3 cucharadas de aceite de oliva virgen extra, y un poco más para servir
2 hojas de laurel fresco
100 ml (3½ fl oz) de vino blanco seco o de agua
900 ml (32 fl oz) de caldo de verduras
2 paquetes de 180 g (6 ½ oz) de castañas asadas y peladas, peso preparado (las envasadas al vacío también te irán bien)
3 cucharadas de zumo de limón
sal y pimienta recién molida

Precalienta el horno a 180 °C (350 °F/gas 4).

Pela, descorazona y lamina una manzana. Enjuaga la cabeza de apio, asegúrate de eliminar toda la tierra y sécala con un trapo de cocina limpio. Deposítala en una cazuela grande o en un cazo de fondo grueso (si es demasiado larga, córtala por la mitad) junto a la manzana laminada. Añade los cuartos de cebolla, los ajos, el aceite y las hojas de laurel. Añade el vino o el agua. Tapa la cazuela y métela a media altura en el horno 1 hora o hasta que el apio esté muy tierno y se haya caramelizado. Pela los ajos con cuidado, devuélvelos a la cazuela con el caldo y añade todas las castañas excepto 4. Vuelve a meter la cazuela en el horno, tapada, 20 minutos más.

Retira las hojas de laurel y tritúralo todo, o bien inmediatamente en la cazuela con una batidora de mano, o bien dentro de 15 minutos en una batidora vertical, por tandas, hasta que obtengas una crema aterciopelada (la espera es porque, si está demasiado caliente, se creará un vacío). Devuelve la crema a la cazuela original, añade 2 cucharadas de zumo de limón y salpimienta a tu gusto.

Corta la otra manzana en palitos y desecha el corazón. Lamina las castañas que has reservado y mézclalas con las hojas de apio, los palitos de manzana, la cucharada de zumo de limón restante y un chorrito de aceite de oliva.

Recalienta la sopa poco a poco cuando la necesites y sírvela en platos hondos calientes, adornada con la ensalada de manzana crujiente y un chorrito adicional de aceite de oliva apimentado.

# Pan de maíz con tomate y lentejas

Si preparas con antelación este maravilloso pan de maíz otoñal o de finales de verano, el fin de semana tendrás una suculenta base para un desayuno o un *brunch*. Sobre las porciones cuadradas puedes poner cualquier combinación de huevos escalfados o fritos, aguacate, salsa picante o aún más tomates. Te darás cuenta de que he añadido a la masa lentejas rojas, nada convencionales, para sumarle proteínas, personalidad y textura. (Eso sí, han de estar cocinadas con anterioridad.) Si quieres una receta más sencilla, puedes sustituir las lentejas por 100 g (3½ oz) adicionales de harina de maíz o de polenta.

**8 RACIONES**
**PREPARACIÓN** ........ **30 MINUTOS**
**COCCIÓN** ........ **1 HORA 10 MINUTOS**

3 cucharadas de aceite (de oliva o del tarro de tomates secos)
8 ramitas de orégano
100 g (3½ oz) de lentejas rojas, enjuagadas en un colador
350 g (12 oz) de harina de maíz gruesa o de polenta
1½ cucharaditas de levadura
½ cucharadita de bicarbonato
½ cucharadita de sal marina en escamas
2 huevos grandes
300 g (10½ oz) de yogur griego
150 ml (5 fl oz) de leche
200 g (7 oz) de tomates secos en aceite (peso escurrido)
400 g (14 oz) de tomates cherry variados, en rama si lo prefieres
1 chile rojo grande, en rodajas
1 cebolla roja pequeña, en rodajas finas
2 mazorcas de maíz, desgranadas a cuchillo

Precalienta el horno a 180 °C (350 °F/gas 4). Engrasa con 1 cucharada de aceite una sartén apta para horno de hierro forjado o resistente y de 23 cm (9 in) de diámetro o una fuente cuadrada para horno de 20 cm (8 in) de lado.

Deshoja dos ramitas de orégano y reserva las hojas. Pon las lentejas rojas en un cazo pequeño con 250 ml (8½ fl oz) de agua. Lleva a ebullición, tapa y hierve a fuego bajo 15 minutos, removiendo de vez en cuando, hasta que la lentejas estén blandas y hayan absorbido toda el agua. Retira del fuego y deja enfriar al menos 10 minutos.

Mezcla la harina de maíz o la polenta, la levadura, el bicarbonato y la sal en una ensaladera. Añade las lentejas, los huevos, el yogur, la leche y los tomates secos, remueve ligeramente y pasa la mezcla a la sartén o la fuente con ayuda de una cuchara.

Mezcla el resto del orégano, los tomates cherry (aún en rama si venían así), las rodajas de chile, las rodajas de cebolla y los granos de maíz y repártelos tan uniformemente como te sea posible sobre la superficie de la masa, presionando con cuidado para que se incrusten. Riega con las 2 cucharadas de aceite de oliva que quedan. Hornea 55 minutos o hasta que la masa haya subido y adquirido firmeza en el centro, se haya dorado y esté más tostada en los bordes. Comprueba cómo está al cabo de 30 minutos de cocción y, si ves que se está tostando demasiado rápido, tapa la sartén o la fuente con papel de aluminio, sin apretar, y haz un agujero pequeño en el centro, para que el vapor se escape. Así, se seguirá cociendo por el centro pero no se hará demasiado en otras zonas.

Saca la fuente del horno y deja enfriar al menos 15 minutos antes de cortar el pan de maíz en porciones generosas. Sírvelo caliente con cualquier combinación de huevos escalfados, salsa picante, aguacate y más tomate, si te gustan.

# Buñuelos de habas de Lima, berenjena y harissa con berenjena y pimiento confitados

Los buñuelos, falafeles, hamburguesas y albóndigas de legumbres rebosantes de personalidad son eternamente útiles en cualquier cocina vegetariana. Encontrarás varios en el libro, porque siempre son una opción ganadora combinados con verduras de temporada y salsas o aliños interesantes. Las posibilidades son infinitas, pero la harissa, la sedosa berenjena, la tahina, las habas de Lima, el yogur salado y las verduras confitadas de esta receta son una combinación ideal entre octubre y noviembre. Prepara la masa con antelación si quieres una cena mucho más rápida. Se conservará en el frigorífico al menos 48 horas antes de cocinar.

**4 RACIONES** ... **SALEN 20 BUÑUELOS**
**PREPARACIÓN** ... **30 MINUTOS**
**COCCIÓN** ... **1 HORA 30 MINUTOS**

**PARA LOS BUÑUELOS DE BERENJENA Y HABAS DE LIMA**

1 cebolla dulce grande, picada fina
2 cucharadas de aceite de oliva
2 berenjenas grandes, en dados de 2 cm (¾ in)
2 cucharadas de pasta de harissa
2 dientes de ajo, majados
2 botes de 400 g (14 oz) de habas de Lima (o pallares), enjuagadas y escurridas
2 cucharadas de tahina bien removida, y un poco más para servir (opcional)
50 g (1¾ oz) de pan seco o muy pasado rallado
1 puñado de hojas de albahaca y de cilantro, picadas finas, y otras hojas de albahaca para servir
90 g (3 oz) de nueces, tostadas y majadas o picadas groseramente
sal y pimienta negra recién molida

**PARA LA BERENJENA Y EL PIMIENTO CONFITADOS**

3 hojas de laurel, fresco o seco
3 cucharadas de aceite de oliva virgen extra
1 cucharada de pasta de harissa
2 berenjenas, cada una de ellas cortada en 8 cuñas largas
2 pimientos grandes, sin semillas y en cuartos longitudinales
el zumo de ½ limón
sal y pimienta negra recién molida.

**PARA SERVIR**

450 g (1 lb) de yogur griego escurrido
cuñas de limón, si te gustan

**NOTA**

Puedes preparar la masa con hasta 48 horas de antelación. Guárdala en el frigorífico.

Precalienta el horno a 180 °C (350 °F/gas 4).

Para confitar la berenjena y el pimiento, pon en una fuente mediana apta para horno las hojas de laurel, el aceite de oliva, la harissa y 3 cucharadas de agua. Añade las verduras y salpimienta. Tapa y sella la fuente con papel de aluminio y hornea 50 minutos. A media cocción, comprueba cómo está la verdura y añade un poco más de agua si ves que se está pegando demasiado. Remueve con cuidado, retira el papel de aluminio y asa 15 minutos más, hasta que la verdura esté muy blanda y se empiece a dorar. Saca la fuente del horno y añade el zumo de limón.

Para los buñuelos, pocha la cebolla a fuego más bien bajo en 1 cucharada de aceite de oliva. Añade la berenjena con una pizca de sal y cuece a fuego bajo, removiendo, 15 minutos hasta que se ablande y se empiece a dorar. Añade la harissa y sube un poco el fuego. Sofríe 5 minutos, añade el ajo y retira del fuego pasado 1 minuto.

Maja las habas de Lima escurridas; usa un mortero, si tienes, pero un cuchillo también servirá, igual que un robot de cocina. Vuelca las habas en un cuenco grande y añade la tahina, el pan rallado, las hierbas aromáticas picadas, 50 g (1¾ oz) de las nueces y el sofrito de berenjena y cebolla. Salpimienta y remueve bien para integrar todos los ingredientes.

Sube la temperatura del horno a 190 °C (375 °F/gas 5). Úntate las manos con la cucharada de aceite restante y forma con la masa bolas del tamaño de nueces. Disponlas, espaciadas, sobre bandejas de horno forradas con papel de horno y hornea 25 minutos o hasta que se tuesten.

Condimenta el yogur con un poco de sal y sírvelo en los platos o en una bandeja. Encima, pon la berenjena y los pimientos confitados (pueden estar a temperatura ambiente), los buñuelos y más albahaca. Añade el resto de las nueces y un chorrito de tahina adicional, si quieres.

# INVIERNO

# VERDURAS DE TEMPORADA

- Remolacha
- Coles de Bruselas
- Coliflor
- Apio nabo
- Apio
- Achicoria y endibia
- Rábano picante
- Kale
- Colirrábano
- Puerros
- Setas
- Nabos
- Patatas
- Legumbres (secas)

Ahora hace frío de verdad, ya no es solo cuestión de días grises o de lluvia. Aunque no son verduras, los cítricos y las granadas acuden en nuestra ayuda y añaden colores vibrantes y zumos ácidos que contrastan con las calabazas y los tubérculos caramelizados y asados. Las celebraciones giran en torno a la cocina y, si hablamos de Navidad, en torno a una sucesión interminable de acompañamientos vegetales. Esta es la parte divertida, la parte hogareña y generosa, seguida de la inevitable resurrección del color y del crujiente: crucíferas que se laminan en ensaladas en lugar de asarse en gratenes y fardos de verduras de hoja verde. La dificultad aparece al final, cuando el invierno está a punto de tornarse en primavera y ya es demasiado tarde para los nabos pero aún demasiado pronto para los rábanos. Resiste con la ayuda del kale, el brócoli y los tubérculos maduros y nudosos hasta que la primavera vuelva en todo su esplendor.

# Falafel de nabo con granada y tahina

Resulta que una masa para falafel bastante tradicional admite sin problemas una cantidad sensata de nabo crudo rallado que la hace más dulce y le aporta notas de frutos secos de manera natural. Al igual que con cualquier falafel hecho con garbanzos, necesitarás un buen robot de cocina para obtener una masa de la consistencia adecuada para evitar que las «hamburguesas» se rompan al freírlas. Otro truco: añade un poco de harina de garbanzos a la mezcla y presiona fuerte cuando des forma a los falafeles. En caso de duda, una vez les hayas dado forma, mételos en el congelador 1 hora en una bandeja descubierta. Aquí he hecho trampa y he comprado los chips de nabo para añadir textura crujiente al plato, pero puedes freír tus propias cintas o sustituirlas por cuñas de nabo asadas y caramelizadas. Si no te gusta el fabuloso sabor del eneldo, elimínalo y aumenta la cantidad de perejil, cilantro o albahaca.

Fíjate en que la receta te pide que pongas los garbanzos en remojo un mínimo de 12 horas y hasta 24 horas antes de usarlos.

**RECETA VEGANA**
**4 RACIONES** ........ **SALEN 20 FALAFELES**
**PREPARACIÓN** ........ **40 MINUTOS**
**REMOJO DE LOS GARBANZOS** ........ **12-24 HORAS**
**COCCIÓN** ........ **10 MINUTOS**

300 g (10½ oz) de garbanzos secos
1 cucharadita de semillas de hinojo
1½ cucharaditas de semillas de comino
1½ cucharaditas de semillas de cilantro
200 g (7 oz) de nabo, pelado y rallado grueso
1 cebolla roja pequeña, picada groseramente
4 dientes de ajo, majados
1 cucharadita de sal fina
4 cucharadas de harina de garbanzos
¾ de cucharadita de bicarbonato
2 puñaditos de eneldo, picado groseramente, y unas cuantas hojas más para servir
1 puñadito de perejil, picado groseramente, y unas cuantas hojas más para servir
1,5 litros (52 fl oz) de aceite vegetal o de girasol, para freír
2 limones: 1 exprimido, el otro cortado en cuñas
4 cucharadas colmadas de tahina bien removida
4 cucharadas de melaza de granada
4 cucharadas de granos de granada
sal y pimienta negra recién molida

**PARA SERVIR**

75 g (2½ oz) de chips de nabo
100 g (3½ oz) de hojas de espinaca baby

Para empezar, pon los garbanzos secos en un cuenco grande y cúbrelos generosamente con agua fría. Se hincharán considerablemente, así que deja margen en el cuenco. Déjalos en remojo en una estancia fresca un mínimo de 12 horas y hasta 24 horas. En alguna ocasión, yo los he dejado en remojo hasta 48 horas, cambiando el agua un par de veces.

Cuando estés listo para elaborar la masa de falafel (que puedes preparar con un par de días de antelación si la guardas tapada en el frigorífico, algo que también puedes hacer con los falafeles ya moldeados), precalienta el horno al mínimo.

Pon las semillas de hinojo, comino y cilantro en una sartén fría sin aceite y caliéntala a fuego medio. Sacude la sartén a medida que las semillas se calienten y tuéstalas 1-2 minutos o hasta que estén fragantes y se hayan oscurecido un tono o dos. Májalas a mano en un mortero o vuélcalas sobre una tabla de cortar y aplástalas con la base de un bote de cristal grueso.

Pasa las especias molidas al vaso de un robot de cocina con cuchillas afiladas (no una batidora, que no será suficiente) y añade los garbanzos bien escurridos, el nabo rallado, la cebolla roja, 3½ de los dientes de ajo majados y la sal. Tritura, parando de vez en cuando para limpiar las paredes del vaso, y sigue triturando hasta que todos los ingredientes estén picados homogénea y muy finamente. Añade la harina de garbanzos y el bicarbonato. Vuelve a triturar hasta que la masa se empiece a pegar y a convertirse en una pasta. Por último, añade el eneldo y el perejil y tritura hasta que queden

piados muy finos. Con una espátula, pasa la pasta a un recipiente con tapa y refrigérala al menos 30 minutos.

Lávate las manos y forma 20 discos con la pasta refrigerada. Hazlo con firmeza para que queden bien prietos y conserven la forma cuando los frías. Disponlos, espaciados, sobre una fuente forrada con papel de horno.

Vierte el aceite en una sartén honda, hasta que alcance una altura de unos 5 cm (2 in). Calienta a fuego medio para que el aceite se caliente poco a poco. Debería estar a 180 °C (350° F) en un termómetro o dorar un picatoste de pan blanco en 30 segundos. Con cuidado y con ayuda de una rasera para depositarlos en el aceite caliente uno a uno, añade una tercera parte o la mitad de los falafeles a la sartén. Fríelos 4-5 minutos, dándoles la vuelta con frecuencia hasta que se doren. Sácalos uno a uno con la rasera, pásalos a una fuente forrada con papel de cocina y mételos en el horno. Repite con el resto de los falafeles.

Mezcla el zumo de limón, el ½ diente de ajo majado que te queda, la tahina, sal y pimienta y 3-4 cucharadas de agua templada, y remueve para obtener una salsa espesa.

Sirve los falafeles calientes sobre cucharadas de la salsa de tahina, regada con la melaza de granada y con los granos de granada por encima. Acompáñalos con los chips de nabo, las hojas de espinacas y las ramitas adicionales de eneldo y de perejil y las cuñas de limón para quien las quiera exprimir por encima.

# Palomitas de coliflor

Estas aromáticas palomitas de coliflor, servidas con pegajoso chile dulce, son una verdadera maravilla. Y veganas, además. Si lo prefieres, usa una freidora en lugar del horno y fríe unos 5 minutos los floretes rebozados. Necesitarás unos 2 litros de aceite para cocinar esta cantidad en tandas. De todos modos, hacerlos al horno ofrece resultados excelentes con mucho menos aceite y, en mi opinión, quedan mejor. Aunque parecen un aperitivo festivo o un tentempié, pueden ser un plato principal para dos o tres comensales acompañadas con mermelada de chile, arroz, verduras y un poco de tofu o un huevo frito (esta última opción no es apta para veganos, claro).

**RECETA VEGANA**
**4 RACIONES** ........ **COMO ENTRANTE O ACOMPAÑAMIENTO**
**PREPARACIÓN** ........ **15 MINUTOS**
**COCCIÓN** ........ **30 MINUTOS**

1 kg (2 lb 4 oz) de coliflor (1 grande), sin las hojas
400 ml (13 fl oz) de leche de coco
4 cucharadas de leche de soja
4 hojas de lima, en juliana o picadas finas
2 tallos de hierba de limón, limpios y picados finos
125 g (4 oz) de harina de maíz
200 g (7 oz) de harina de trigo
5 cucharadas de aceite de cacahuete
2 chiles rojos, en rodajitas finas
1 trozo del tamaño de un pulgar de raíz de jengibre fresca pelada y cortada en palitos
1 puñadito de hojas de albahaca tailandesa
sal y pimienta negra recién molida

**PARA SERVIR**

cuñas de lima
mermelada de chile dulce

Rompe o lamina la coliflor en floretes del tamaño de un bocado y ponlos en remojo en un cuenco con la leche de coco y la salsa de soja un mínimo de 20 minutos y hasta 24 horas en el frigorífico, removiendo con regularidad.

Precalienta el horno a 200 °C (400 °F/gas 6). Prepara dos fuentes aptas para horno grandes y fórralas con papel de horno antiadherente.

En un cuenco, mezcla las harinas, las hojas de lima y la hierba de limón. Salpimienta generosamente y transfiere la mitad de esta mezcla a un segundo cuenco, para evitar que la harina quede demasiado «grumosa» cuando empieces a rebozar la coliflor. Escurre un puñado de floretes sobre el cuenco del remojo y rebózalos ligeramente con la harina de un cuenco, removiendo para que queden rebozados de manera uniforme. Sacude el exceso de harina y deposítalos, espaciados, en las bandejas de horno. Repite el proceso con el resto de la coliflor y usa el segundo cuenco de harina cuando en el primero quede demasiada poca o se haya vuelto grumosa.

Ahora es cuando te sería muy útil tener aceite en espray para rociar los floretes. Si no tienes, riégalos con 4 cucharadas de aceite y remuévelos con suavidad para que se unten. Hornea las dos bandejas 25 minutos y, a media cocción, sacúdelas enérgicamente para redistribuir el aceite y garantizar que todo el rebozo se haga por igual.

Mientras, vierte la última cucharada de aceite en una sartén fría y añade las rodajitas de chile rojo y el jengibre. Calienta a fuego medio y fríe, removiendo con frecuencia, unos 3 minutos, hasta que empiecen a chisporrotear y se arruguen. Esparce el chile y el jengibre fritos y la albahaca tailandesa sobre los buñuelos de coliflor y sírvelos acompañados de la mermelada de chile, para mojar, y de las cuñas de lima, para exprimirlas por encima.

# Hatillos de apio nabo hasselback con hierbas invernales

El apio nabo asado a baja temperatura se vuele mágicamente dulce, adquiere notas de frutos secos y se torna casi translúcido en el horno, al tiempo que absorbe el sabor suficiente de las hierbas invernales. La mitad de una de estas verduras mantecosas, fileteada y aromatizada con hierbas, tanto podría ser la estrella de un asado vegetariano como un acompañamiento de invierno para todo tipo de estofados o guisos con lentejas, si la condimentas con cucharadas de Salsa verde (p. 219).

**4 RACIONES** ........ **COMO ACOMPAÑAMIENTO O 2 COMO PRINCIPAL**
**PREPARACIÓN** ........ **15 MINUTOS**
**COCCIÓN** ........ **1 HORA 45 MINUTOS**

2 apio nabos de 720 g (1 lb 9½ oz)
4 ramitas de romero
6 ramitas de tomillo
4 hojas de laurel
50 g (1¾ oz) de mantequilla, a temperatura ambiente, o 3 cucharadas de aceite de oliva
150 ml (5 fl oz) de vino blanco seco
sal y pimienta negra recién molida

Precalienta el horno a 200 °C (400 °F/gas 6).

Pela los apio nabos y corta todos los nudos para que te queden dos esferas de color blanco cremoso y verde. Con cuidado, haz cortes verticales dejando unos 5 mm (¼ in) de distancia entre ellos y hasta cubrir dos terceras partes de la superficie de las dos raíces bulbosas. Pon cada apio nabo en el centro de una hoja cuadrada de papel de horno e introduce aleatoriamente las ramitas y las hojas de hierbas en las hendiduras que has hecho. Unta la parte superior de cada apio nabo con la mitad de la mantequilla (o con aceite de oliva), salpimienta y vierte con cuidado la mitad del vino y 2 cucharadas de agua sobre cada uno. Levanta el papel y envuelve los apio nabos. Cierra los hatillos por encima y átalos con cordel de cocina (los hatillos quedarán como un panettone).

Una vez hayas cerrado los dos hatillos, ásalos juntos 1 hora y 45 minutos aproximadamente. Cambia de sitio los hatillos, y gíralos o dales la vuelta cuidadosamente y con la ayuda de guantes de horno, para que la mantequilla y el vino remojen la verdura: de lo contrario, se quedarán en la base y no harán nada. Al final de la cocción, los apio nabos deberían estar dorados y completamente tiernos cuando los pinches con la punta de un cuchillo. Abre los hatillos en la mesa, para servir.

# Cuñas de boniato con miso de jengibre

Estas cuñas son las preferidas de todo tipo de fiestas, se hornean con un glaseado umami y pegajoso que burbujea y se reduce hasta formar unas puntillas deliciosas y crujientes y se sirven con una mayonesa de wasabi en las que untarlas. Espolvorea las cuñas con rodajitas de chile, láminas de rábano picante y brotes de rábano morado si quieres que queden aún más bonitas sobre el plato, aunque la verdad es que no lo necesitan.

**4 RACIONES** ........ **COMO ACOMPAÑAMIENTO**
**PREPARACIÓN** ........ **25 MINUTOS**
**COCCIÓN** ........ **1 HORA**

800 g (1 lb 4 oz) de boniatos (4 pequeños), con la piel frotada y cortados en 8-10 cuñas cada uno
3 cucharadas de aceite de cacahuete
2 cucharadas de mirin
1 cucharada de raíz de jengibre fresca rallada fina
1½ cucharadas de pasta de miso blanco
1 cucharada de jarabe de arce
1 cucharada de aceite de sésamo
2 cucharadas de salsa de soja clara
1 cucharada de pasta de wasabi
4 cucharadas colmadas de mayonesa japonesa
2 cucharadas de zumo de lima
sal

Precalienta el horno a 200 °C (400 °F/gas 6).

Unta las cuñas de boniato con el aceite y disponlas espaciadas y en una sola capa sobre una fuente de horno. Ásalas unos 30 minutos o hasta que justo empiecen a adquirir color.

En un cuenco, mezcla el mirin, el jengibre, el miso, el jarabe de arce, el aceite de sésamo y la salsa de soja. Sazona con una pizca de sal. Riega con esta mezcla y de manera uniforme las cuñas de boniato a medio asar y prolonga la cocción unos 20 minutos. Gira las cuñas una o dos veces, con cuidado, hasta que se hayan caramelizado del todo.

Mezcla el wasabi, la mayonesa y el zumo de lima y sirve las cuñas acompañadas de esta salsa.

# Boniatos asados con sésamo, yogur y harissa

Si quieres poner la guinda, añade garbanzos asados con especias a una combinación de sabores que ya es espectacular por sí misma, aunque lo cierto es que los boniatos quedan deliciosos así, con capa sobre capa de sabor y textura. Solo necesitarás una ensalada apimentada o unas verduras pochadas para completar un almuerzo perfecto.

**4 RACIONES** ........ **COMO ACOMPAÑAMIENTO O COMO PLATO PRINCIPAL JUNTO A UNA ENSALADA**
**PREPARACIÓN** ........ **20 MINUTOS**
**COCCIÓN** ........ **1 HORA 30 MINUTOS**

4 boniatos grandes y finos, con la piel frotada (unos 300 g/10½ oz cada uno)
2 cucharadas de aceite de oliva
3 cebollas rojas, cortadas por la mitad y en rodajas finas
1 pizca de azúcar (opcional)
1 cucharadita de semillas de comino, tostadas y majadas
1 diente de ajo, majado
3 cucharadas de tahina clara u oscura bien removida
la ralladura fina y el zumo de 1 limón grande
4 cucharadas colmadas de yogur griego
2 cucharadas de pasta de harissa rosa
1 puñadito de hojas de cilantro
2 cucharaditas de semillas de sésamo negro
sal y pimienta negra recién molida

Precalienta el horno a 200 °C (400 °F/gas 6).

Pincha los boniatos con un cuchillo afilado. Espácialos sobre una fuente para horno y hornéalos 1 hora o hasta que estén completamente tiernos.

Mientras, calienta el aceite a fuego medio-bajo en una sartén mediana y añade las cebollas y una pizca de sal. Sofríe a fuego bajo, removiendo con frecuencia, 25-30 minutos o hasta que la cebolla esté muy blanda y se haya caramelizado. Si quieres facilitar el proceso, añade una pizca de azúcar cuando hayan pasado 20 minutos. Añade el comino, salpimienta y remueve bien. Retira del fuego y reserva.

En un cuenco pequeño, mezcla el diente de ajo majado, la tahina, el zumo de limón y 40-60 ml (1½ -2 cucharadas de agua templada), según necesites (añade la suficiente para obtener la consistencia de nata doble). Salpimienta.

En un cuenco, sazona el yogur, añade la harissa y remueve ligeramente.

Abre los boniatos por la mitad y rellénalos con cucharadas del yogur con harissa, hojas de cilantro, la tahina, cebolla caramelizada y semillas de sésamo negras. Reparte la ralladura de limón por encima.

# Rigatoni gratinados con nabo, coles de Bruselas y nuez moscada

Esta receta es más contundente que las que acostumbro a escribir porque, como prefiero la intensidad del chile, los cítricos, los aceites y aliños aromáticos, las hierbas frescas y los frutos secos tostados a la cremosidad en ocasiones empalagosa de las salsas de queso, no suelo usar demasiadas salsas con nata líquida o lácteos. Sin embargo, este plato que presento es un guiño a la Navidad, tiempo de las excepciones suculentas.

**6 RACIONES** ........ **COMO ACOMPAÑAMIENTO**
**PREPARACIÓN** ........ **30 MINUTOS**
**COCCIÓN** ........ **1 HORA 30 MINUTOS**

500 g (1lb 2 oz) de nabos finos
1½ cucharadas de aceite de oliva
200 g (7 oz) de rigatoni, penne u otras formas tubulares cortas de pasta seca
200 g (7 oz) de coles de Bruselas crudas, con las bases recortadas y en rodajas
450 ml (15¾ fl oz) de leche entera
2 dientes de ajo gruesos, aplastados
3 hojas de laurel, estrujadas
7 ramitas de tomillo
1½ cucharaditas de nuez moscada recién rallada
30 g (1 oz) de mantequilla
30 g (1 oz) de harina de espelta o de trigo
200 ml (7 fl oz) de nata líquida
250 g (9 oz) de queso gruyer rallado groseramente
3 cucharadas de queso vegetariano estilo parmesano, rallado fino
90 g (3 oz) de nueces, majadas
sal y pimienta negra recién molida

Precalienta el horno a 180 °C (350 °F/gas 4).

Corta ambos extremos de los nabos, pélalos y reserva las puntas y las peladuras. Corta los nabos en trozos o rodajas del tamaño de un pulgar y úntalos con el aceite. Disponlos, espaciados, sobre una fuente de horno en una sola capa, salpimiéntalos y ásalos 35-40 minutos o hasta que se empiecen a dorar y a poner tiernos, sacudiendo la fuente a media cocción.

Mientras, cuece la pasta en una olla grande con abundante agua salada 3 minutos, añade las coles de Bruselas y prolonga el hervor a fuego lento 2 minutos más. Escúrrelo todo en un colador y enjuágalo brevemente bajo el grifo de agua fría. Vierte la leche en la olla de la pasta (ahora vacía) y añade el ajo y el laurel, 4 ramitas de tomillo y 1 cucharadita de nuez moscada. Añade la peladura de nabo y hierve a fuego bajo 10 minutos. Retira del fuego, tapa y deja reposar 15 minutos. Cuela la leche infusionada en una jarra.

Enjuaga la olla y caliéntala a fuego bajo con la mantequilla y la harina, removiendo con una cuchara de madera hasta que obtengas una pasta. Cuece la harina 4-5 minutos, hasta que emita aromas tostados y empiece a burbujear. Ahora, empuja la salsa *roux* a un lado de la olla y vierte unos 150 ml (5 fl oz) de la leche infusionada en la parte vacía, para que se caliente un poco antes de batirla enérgicamente con una batidora de globo e incorporarla a la salsa *roux*. Dejar que la leche se caliente antes de empezar a batir impedirá que se formen grumos. Sigue así y ve añadiendo la leche, esperando siempre a que se caliente antes de empezar a batir, hasta que la hayas incorporado toda. Ahora, añade la nata líquida sin dejar de batir y lleva la mezcla a ebullición. Deja que hierva a fuego bajo, sin dejar de remover, 5 minutos para que desaparezca hasta el último atisbo de sabor

a harina cruda. Retira del fuego, añade los quesos y la ½ cucharadita de nuez moscada que te queda. Deja reposar 2 minutos, remueve bien y salpimienta al gusto.

Añade a la salsa la pasta, las coles de Bruselas y los nabos asados, y remueve bien, pero con cuidado, para que todo se mezcle. A estas alturas, el elástico gruyer fundido ya debería haber anunciado su presencia. Con ayuda de una cuchara, vuélcalo todo en una fuente de horno de 20 × 30 cm (8 × 12 in) y esparce por encima tanto las hojas de las 3 ramitas de tomillo que te quedan como las nueces majadas.

Por último, hornea unos 25 minutos o hasta que las nueces se hayan dorado y el gratín empiece a burbujear por los bordes de la fuente de horno.

# Tomates confitados sobre rösti de nabo con tápenas y orégano

La gracia de los grandes platos vegetarianos está en el juego de contrastes. Este *rösti* de bordes crujientes y centro jugoso está coronado con dulces tomates confitados en vinagre, tápenas cargadas de sal y orégano vibrante (o tomillo). No la he añadido para la fotografía, porque prefiero colores intensos, pero una cucharada de nata fresca en el *rösti* sacado del horno se fundirá sobre los tomates confitados y quedará deliciosa.

**2-3 RACIONES**
**PREPARACIÓN** ........ **25 MINUTOS**
**COCCIÓN** ........ **45 MINUTOS**

6 cucharadas de aceite de oliva
1 cebolla pequeña, picada fina
2 cucharaditas de tomillo
250 g (9 oz) de nabos, con los extremos cortados y la piel frotada
250 g (9 oz) de patatas para asar, con la piel frotada
1 chorro de zumo de limón
2 cucharadas de harina de maíz o de harina de trigo
20 g (¾ oz) de mantequilla sin sal
1 cucharada de tápenas, enjuagadas y secas
2 dientes de ajo, en láminas finas
200 g (7 oz) de tomates cherry, a ser posible de varios colores
1 cucharadita de mejorana u orégano
2 cucharadas de vinagre de vino tinto
2 cucharadas de nata fresca (opcional)
sal y pimienta negra recién molida

Precalienta el horno a 200 °C (400 °F/gas 6).

Calienta 1 cucharada del aceite de oliva a fuego medio en una sartén antiadherente apta para horno de 20 cm (8 in) de diámetro. Añade la cebolla picada y una pizca de sal y sofríe 7-8 minutos. Añade las hojas de tomillo, remueve y vuélcalo todo en un cuenco.

Ralla la patata y el nabo groseramente y riégalos con el zumo de limón. Vuélcalo todo sobre un trapo de cocina limpio y estrújalo con fuerza para eliminar el exceso de líquido de las patatas. Pasa la verdura a un cuenco, añade la cebolla sofrita y la harina y salpimienta.

Seca la sartén con papel de cocina. Calienta 2 cucharadas de aceite de oliva y la mantequilla a fuego vivo 20 segundos. Añade a cucharadas la mezcla del *rösti* (debería chisporrotear) y aplástala con firmeza, sobre todo en los bordes. Baja el fuego a medio-bajo y cuece 10 minutos. Cuando los bordes se doren, despégalos con una espátula. Protégete las manos con un trapo de cocina, coloca un plato plano boca abajo sobre la sartén y dale la vuelta para sacar el *rösti*. Añade otra cucharada de aceite a la sartén y desliza el *rösti* sobre el plato para volver a meterlo en la sartén. Ponla en el fuego 10 minutos y luego métela en el horno 10 minutos más, hasta que el *rösti* esté muy tostado y sisee. Mantenlo caliente.

Pon las 2 cucharadas de aceite que te quedan en otra sartén y caliéntalas a fuego medio antes de añadir las tápenas. Sofríelas, sin dejar de remover, 2 minutos hasta que estén crujientes y añade el ajo y los tomates cherry. Mantén en el fuego y súbelo un poco 2 minutos, hasta que los tomates se empiecen a pegar y se abran. Añade la mejorana o el orégano, seguidos del vinagre de vino tinto. Deja reducir 1 minuto y salpimienta con generosidad.

Con cuidado, pasa el *rösti* a una tabla de cortar o a una fuente para servir. Con ayuda de una cuchara, pon el tomate confitado en el centro del *rösti* y, si has decidido usarla, remata con la nata fresca. Sirve inmediatamente.

# Boles de coliflor teriyaki con arroz glutinoso

Esta es una receta muy sencilla con varias partes móviles, por lo que permíteme que comparta contigo algunos atajos y reflexiones que te ayudarán a determinar cuánto esfuerzo estás dispuesto a invertir...

En la receta te indico que uses arroz integral para sushi que, con su maravilloso aroma a frutos secos, es fabuloso por muchos motivos. Por otro lado, el remojo y la cocción exigen mucho tiempo. Por lo tanto, puedes usar arroz blanco o cualquier otro cereal de tu gusto, precocinado o no.

Ni se te ocurra cortar cúrcuma fresca sin antes ponerte guantes, sobre todo si llevas uñas de gel de color claro. Luego no digas que no te he avisado. Sin embargo, me darás las gracias cuando veas los maravillosos huevos fritos dorados. No podrían ser más bonitos.

Prepara la salsa teriyaki y la remolacha encurtida con un par de días de antelación. Es perfectamente aceptable que hagas trampa y uses remolacha cruda o encurtida de bote. Por el contrario, en lo que al teriyaki se refiere, te recomiendo que, por poco que puedas, lo hagas en casa. Tendrá muchísima más personalidad y muchísimo menos azúcar que cualquier opción comercial.

Estos son algunos de los múltiples ingredientes que puedes añadir a los boles: aguacate, tirillas de alga nori tostada, dados de calabaza asada o tofu frito con cúrcuma para los veganos (en ese caso, no uses la miel de la receta). Y, por supuesto, puedes duplicar las cantidades para servir a cuatro comensales o para garantizar que te quede para otro día. Aun así, te prometo que merece la pena incluso si lo haces solo para dos.

2 RACIONES ........ GENEROSAS
PREPARACIÓN ........ 1 HORA 15 MINUTOS
COCCIÓN ........ 50 MINUTOS

**PARA LA REMOLACHA ENCURTIDA**

150 g (5 oz) de remolacha (1 grande), pelada y cortada en palitos pequeños y finos
1 cucharada de jarabe de arce o de miel salvaje
2 cucharadas de vinagre de arroz blanco
1 pizca de sal

**PARA LA SALSA TERIYAKI**

3 cucharadas de jarabe de arce o de miel suave
4 cucharadas de tamari o de salsa de soja clara
2 cucharadas de raíz de jengibre fresca, rallada fina
2 dientes de ajo, majados

**PARA EL RESTO**

190 g (6½ oz) de arroz integral para sushi
1 coliflor mediana, sin hojas, y cortada en 8 cuñas a través del corazón
3½ cucharadas de aceite de cacahuete
8 cebolletas finas, con la base y las frondas verdes recortadas
20 g (¾ oz) de cúrcuma fresca, pelada y cortada en palitos cortos y muy finos
2 huevos grandes muy frescos
2 cucharaditas colmadas de shichimi togarashi
sal y pimienta negra recién molida

Mezcla los palitos de remolacha con la miel, el vinagre de arroz y una pizca de sal. Tapa y refrigera al menos 1 hora antes de comer. Cuanto más reposen, más se encurtirán.

Para la salsa teriyaki (que también puedes hacer con días de antelación y guardar en el frigorífico), pon todos los ingredientes en un cazo con 175 ml (6 fl oz) de agua y haz que se disuelvan a fuego bajo, removiendo sin cesar. Lleva a ebullición y deja hervir a fuego bajo 5 minutos. Deja que se enfríe.

El día o la tarde que quieras comer, comienza por poner el arroz integral para sushi en un cazo mediano con 600 ml (20 fl oz) de agua fría y una pizca de sal. Deja en remojo unos 40 minutos.

Precalienta el horno a 200 °C (400 °F/gas 6).

Calienta el cazo con el arroz a fuego más bien bajo y llévalo a ebullición lentamente. Tápalo parcialmente y deja hervir a fuego bajo 30-35 minutos o hasta que el arroz esté tierno, pero no blando, y haya absorbido toda el agua. Úsalo inmediatamente o tápalo con un trapo de cocina limpio y reserva hasta 30 minutos, hasta que lo necesites. Mantendrá la temperatura suficiente y no sufrirá demasiado.

Mientras, pinta las cuñas de coliflor con 1½ cucharadas del aceite y condimenta generosamente con la pimienta negra. Ásalas

en una fuente para horno 25 minutos, dales la vuelta y píntalas con un cuarto de la salsa teriyaki, ya sea regándolas con ella o con un pincel. Vuelve a meter la coliflor en el horno 12-15 minutos más o hasta que se haya caramelizado y esté tierna.

Pinta las cebolletas con ½ cucharada del aceite y calienta una plancha a fuego muy alto hasta que humee. Haz a la plancha las cebolletas 4 minutos, girándolas a media cocción y hasta que estén ligeramente carbonizadas.

Para los huevos, pon los palitos de cúrcuma en una sartén antiadherente con el aceite de cacahuete restante y una pizca de sal. Calienta la sartén fría a fuego bajo y, al cabo de unos 2-3 minutos, cuando la cúrcuma empiece a sisear y a brincar con suavidad, casca los huevos en la sartén, bien espaciados. Con una espátula, haz saltar la cúrcuma chisporroteante sobre las claras. Fríe los huevos poco a poco, unos 4 minutos, salpicando las claras con el aceite dorado hasta que les salga puntilla y hayan cuajado, mientras la yema sigue líquida. Retira la sartén del fuego y salpimienta los huevos.

Sirve el arroz cocido en boles calientes y, encima, pon un par de las cuñas de coliflor. Dispón la remolacha encurtida escurrida junto a las cebolletas carbonizadas y equilibra con mucho cuidado un huevo dorado en cada bol. Con una cuchara, vierte una cantidad generosa de salsa teriyaki (te sobrará) sobre el plato y, para terminar, esparce shichimi togarashi por encima.

**NOTA**

Puedes preparar la remolacha encurtida con unos días de antelación y guardarla en el frigorífico.

# Quesadillas de setas y acelgas con chimichurri rojo

La manera más fácil de preparar el chimichurri rojo (que, por cierto, es crucial por el sabor ahumado, a verdura y a ajo que aporta a estas falsas quesadillas que quedarían cojas sin él) es, con diferencia, usar un robot de cocina pequeño o el vaso más pequeño de uno grande. Si no, puedes usar un cuchillo grande y armarte de paciencia para picar los chiles, el ajo y las hierbas y mezclarlo todo en un bol con el aceite y el vinagre hasta que obtengas una pasta rústica. Un mortero y una mano de mortero también te servirán.

**2 RACIONES** ........ **COMO PLATO PRINCIPAL O 4 COMO TENTEMPIÉ**
**PREPARACIÓN** ........ **25 MINUTOS**
**COCCIÓN** ........ **50 MINUTOS**

**PARA EL CHIMICHURRI ROJO**

2 chiles rojos, enteros
2 dientes de ajo, picados
5 cucharadas de aceite de oliva virgen extra
½ cucharadita de pimentón ahumado
2 cucharadas de vinagre de vino tinto
½ puñadito de perejil con los tallos, picado
½ puñadito de cilantro con los tallos, picado
½ cucharadita de orégano seco
sal y pimienta negra recién molida

**PARA LAS QUESADILLAS**

2 cucharadas de aceite de oliva suave o de aceite de cacahuete
3 dientes de ajo, picados finos
200 g (7 oz) de acelgas arcoíris o verdes, con las pencas troceadas y las hojas en juliana
3 champiñones de prado, en láminas finas
150 g (5 oz) de gírgolas, en juliana
180 g (6½ oz) de setas de cardo, en láminas finas
75 g (3 oz) de queso cheddar maduro, rallado grueso
1 bola de mozzarella, escurrida y en daditos finos
8 tortillas de maíz de 15 cm (6 in) de diámetro

**PARA SERVIR**

aguacate laminado
cuñas de lima
hojas de cilantro
Ensalada de col roja con aliño de encurtidos (p. 192)

Comienza por el chimichurri. Con la ayuda de unas pinzas, mantén los chiles sobre la llama de un fogón a fuego bajo, girándolos 3-4 minutos hasta que se abran y se hayan carbonizado en toda su superficie. Si no tienes fogones de gas ni barbacoa, utiliza un grill a máxima potencia o incluso una plancha sin aceite muy caliente. Luego, desecha los tallos y mete los chiles en el vaso del robot de cocina con el resto de los ingredientes, excepto las hierbas frescas. Tritura hasta que obtengas una pasta gruesa e interrumpe el triturado para limpiar las paredes del vaso cuando sea necesario. Añade las hierbas y 2 cucharadas de agua y vuelve a triturar hasta que el chimichurri parezca un pesto rústico. Ajusta la condimentación y el nivel de vinagre/pimentón al gusto; debería ser ácido y vibrante. Reserva.

Calienta las 2 cucharadas de aceite del relleno en una sartén grande a fuego medio. Añade el ajo, las pencas de las acelgas y las setas y sofríe, removiendo con frecuencia, hasta que todo se haya dorado y reducido en volumen. Tardará unos 25 minutos.

Añade las hojas de acelga en juliana y 1 cucharada de chimichurri. Pocha las acelgas 2-3 minutos. Retira del fuego y salpimienta al gusto.

Precalienta el horno al mínimo para mantener calientes las quesadillas. Mezcla los quesos en un cuenco y calienta a fuego medio una plancha lisa o una sartén grande. Al cabo de 1-2 minutos, pon una tortilla en la sartén sin aceite, espolvorea un poco de queso (aproximadamente ⅛, si te gusta ser preciso) por encima y luego pon en el centro ¼ del revuelto de setas y acelgas. Pon encima un poco más de queso y otra tortilla y presiona con fuerza.

Mantén en el fuego 2 minutos más, hasta que la tortilla inferior se haya dorado un poco

y, con mucho cuidado, dale la vuelta para dorar la otra y que el relleno se funda 2 minutos más. Mantenlas calientes en el horno a temperatura mínima mientras repites el proceso y haces las 4 quesadillas. Córtalas a cuartos y sírvelas junto con el chimichurri rojo, para untarlas por encima, láminas de aguacate maduro, cuñas de lima que exprimir, un poco más de cilantro y, quizás, la Ensalada de col roja con aliño de encurtidos de la página 192.

#### NOTA

Alarga el sabroso relleno de setas de la quesadilla añadiendo una lata de frijoles negros escurridos junto a las acelgas y aplástalos en la sartén con el dorso de una cuchara.

# Ensalada de col roja con aliño de encurtidos

Una magnífica ensalada de col cortada en juliana que celebra los púrpuras y los rojos. Aunque no es originaria de ningún lugar en concreto, evoca una barbacoa texana y el aliño de encurtidos y las nueces pacanas ofrecen un buen contraste con tacos o quesadillas, como las Quesadillas de setas y acelgas con chimichurri rojo (p. 190).

Puedes hacer variaciones y añadir copos de chile o semillas de alcaravea, de apio o de cilantro, etc. De hecho, cualquier especia que se pueda usar en un encurtido sacará el máximo provecho al zumo de pepinillo que protagoniza el aliño.

**RECETA VEGANA**
**4-6 RACIONES** ........ **COMO ACOMPAÑAMIENTO**
**PREPARACIÓN** ........ **30 MINUTOS**

**PARA EL ALIÑO**

1 chalota pequeña, cortada por la mitad y picada muy fina
3 cucharadas de líquido de pepinillos encurtidos
1 cucharada de sirope de arce
1 cucharadita de semillas de hinojo
1 cucharadita colmada de mostaza a la antigua
4 cucharadas de aceite de oliva suave
1 puñadito de eneldo, picado fino
sal y pimienta negra recién molida

**PARA LA ENSALADA**

60 g (2 oz) de nueces pacanas
10 pepinillos encurtidos, escurridos y picados finos
350 g (12 oz/1 pequeña) de col roja sin el corazón, cortada por la mitad y en juliana muy fina
1 coliflor pequeña, con el tallo cortado, en láminas finas incluyendo las hojas tiernas que pueda haber
2 remolachas, a ser posible rayadas, peladas y en láminas finas
200 g (7 oz) de rábanos en láminas finas
2 manzanas rojas pequeñas, cortadas por la mitad, sin el corazón y en láminas finas
1 chalota, en rodajitas finas
2 achicorias o endibias rojas, con la base cortada y en juliana
1 cestita de brotes de rábano morado, cortados
sal y pimienta negra recién molida

Para el aliño, pon todos los ingredientes, 2 cucharadas de agua templada y un poco de sal y pimienta en un tarro con tapa. Tapa el tarro y agita con fuerza para emulsionar.

Pon todos los ingredientes de la ensalada en una ensaladera grande, riega con el aliño y remueve bien. Rectifica de sal y de pimienta y sirve en una fuente.



**NOTA**

Si no encuentras brotes de rábano morado, sustitúyelos por berros hortelanos o incluso por hojas de albahaca.

# Ensalada de apio nabo, dátiles y limón en conserva

Esta ensalada ofrece mucho sabor a cambio de muy poco esfuerzo y es inusual porque se basa en apio nabo crudo (digo inusual, porque no es una remolada). Aquí, la clave reside en cortar la verdura muy fina. Si no tienes paciencia para picar a mano pero sí la valentía necesaria para usar una mandolina, lamina el apio nabo en tiras finas como el papel en lugar de en palitos. Me encanta usar la canela con moderación en platos salados y funciona especialmente bien con los dátiles, la cáscara de limón en conserva y las almendras tostadas.

**RECETA VEGANA**
**4 RACIONES** ........ **COMO ACOMPAÑAMIENTO**
**PREPARACIÓN** ........ **20 MINUTOS**
**COCCIÓN** ........ **8 MINUTOS**

6 cucharadas de aceite de oliva virgen extra
1 kg (2 lb 4 oz) de apio nabo
el zumo de 2 limones
1 puñado de cubitos de hielo
1 cebolla roja, cortada por la mitad y en rodajas muy finas
1 chile rojo, en rodajitas finas
1 puñadito de perejil, con las hojas y los tallos picados por separado
100 g (3½ oz) de almendras blanqueadas o laminadas
la cáscara de 2 limones en conserva, en tiras muy finas
½ cucharadita de canela molida
100 g (3½ oz) de dátiles Medjul, deshuesados y laminados
sal y pimienta negra recién molida

Pela la capa externa del apio nabo y elimina los trozos nudosos hasta que obtengas una esfera lisa. Lamínala en rodajas finas y luego en palitos. El proceso te resultará más fácil si primero cortas el ingobernable apio nabo en mitades o cuartos. Sumerge los palitos en un bol grande lleno de agua fría con la mitad del zumo de limón y un puñado de cubitos de hielo. Reserva 15 minutos.

Mientras, calienta a fuego medio-bajo 2 cucharadas de aceite en una sartén grande. Añade la cebolla roja, el chile y los tallos de perejil picados. Si usas almendras blanqueadas, añádelas ahora; si las usas laminadas, añádelas a media cocción. Sofríe 7-8 minutos en total, removiendo hasta que la cebolla se empiece a tostar en los bordes y las almendras se doren. Añade la cáscara de limón en conserva y la canela. Remueve 1 minuto y retira del fuego.

Escurre bien el apio nabo y sécalo a toquecitos con un trapo de cocina limpio. Vuélcalo todo en un cuenco con el sofrito de cebolla, las hojas de perejil picadas, los dátiles, el resto del zumo de limón y las 4 cucharadas de aceite de oliva que quedan. Remueve bien, ajusta el punto de sal y vuelve a remover.

# Ensalada templada de achicoria roja a la plancha y judías pintas

Se trata de una ensalada de invierno sofisticada pero sin estridencias. Freír las judías pintas hasta que las pieles estallen, se vuelvan crujientes y revelen su esponjoso interior es un truco sencillo y excelente que usar en otras ensaladas, risottos y pastas. Deposita con ayuda de una cuchara las judías sobre las mitades de achicoria roja a la plancha, cuyo amargor se verá compensado por la menta de la Salsa verde (p. 219). Es una combinación ganadora.

**RECETA VEGANA**
**4 RACIONES**
**PREPARACIÓN** ........ **20 MINUTOS**
**COCCIÓN** ........ **10 MINUTOS**

1 ración de Salsa verde (p. 219)
2 cucharadas de aceite de oliva
2 botes de 400 g (14 oz) de judías pintas, escurridas, enjuagadas y secadas a toquecitos
1 cucharada de vinagre de3 vino tinto
3 achicorias rojas, cortadas por la mitad o a cuartos, en función del tamaño
4 endibias rojas, cortadas por la mitad
1 cucharada de cebollino picado

**PARA SERVIR**

aceite de oliva virgen extra
tostadas de pan de masa madre (opcional)

Comienza por preparar la Salsa verde según la receta de la página 219.

Para la ensalada, calienta a fuego alto 1 cucharada de aceite de oliva en una sartén. Añade las legumbres secas y sofríelas 90 segundos o hasta que las pieles se hayan tostado, se abran y revelen el interior mantecoso. Añade el vinagre, reduce hasta que se haya evaporado y reserva.

Aliña las achicorias y las endibias con aceite de oliva. Calienta una plancha hasta que humee, pon la verdura sobre la plancha y hazla hasta que se le dibujen las líneas de la plancha. Disponlas sobre fuentes para servir junto a las judías pintas crujientes, la salsa verde, el cebollino y un buen chorro adicional de aceite de oliva virgen y pan de masa madre tostado, si te apetece.

# Cuñas de patata asada con setas y tomate

Estas cuñas de patata asada recubiertas de tomate y acompañadas de setas parecen muy simples, a juzgar por la lista de ingredientes, pero no dejes que eso te impida darles una oportunidad. La receta es mucho más especial de lo que parece y se inspira en el maravilloso trato que las cocinas griega y chipriota dan a las patatas asadas con tomate. Sí, es cierto que la variedad de patata que elijas marcará la diferencia y, aquí, una patata vieja y harinosa no aportará la chispa mágica que se requiere. Si puedes, la mejor opción son las patatas chipriotas, cerosas y del dorado color de la mantequilla que también uso en el Gratín de verduras de hoja verde, patatas y setas (p. 212).

Si quieres convertir este acompañamiento en un almuerzo fácil, casca huevos muy frescos directamente sobre las patatas al final de la cocción y vuelve a meter la bandeja en el horno para que se cuajen antes de servirlos acompañados de espinacas pochadas en mantequilla.

**RECETA VEGANA**
**4 RACIONES** ........ **COMO ACOMPAÑAMIENTO**
**PREPARACIÓN** ........ **25 MINUTOS**
**COCCIÓN** ........ **55 MINUTOS**

30 g (1 oz) de setas porcini secas
1,2 kg (2 lb 6 oz) de patatas chipriotas cerosas, cortadas en cuñas largas
6 cucharadas de aceite de oliva virgen extra
6 ramitas de orégano, deshojadas
300 g (10½ oz) de setas de cardo, laminadas
6 dientes de ajo gruesos, laminados
1 cucharada colmada de puré (pasta) de tomate
1 lata de 400 g (14 oz) de tomates en conserva en tozos pequeños
sal y pimienta negra recién molida

Precalienta el horno a 200 °C (400 °F/gas 6).

Deposita las setas porcini secas en un cuenco y cúbrelas con 200 ml (7 fl oz) de agua recién hervida. Deja reposar unos 20 minutos.

Mezcla las patatas, el aceite, el orégano y las setas de cardo laminadas en una fuente para horno muy grande (de al menos 30 × 40 cm/ 12 × 16 in, lo bastante para contenerlo todo en una sola capa) y salpimienta con generosidad.

Asa 20 minutos, añade el ajo, remueve bien para que las patatas queden bien untadas de aceite y vuelve a meter la fuente en el horno 5 minutos más.

Mezcla las setas porcini en remojo, el agua del remojo, el puré de tomate y el tomate en conserva y viértelo todo en la fuente de las patatas. Remueve con cuidado para que se unten sin romperse. Vuelve a meter la fuente en el horno 30 minutos o hasta que la salsa de tomate se haya reducido y espesado, removiendo con cuidado a media cocción. Sirve las cuñas de patata asadas como un acompañamiento con personalidad propia o esparce por encima la ensalada de queso feta, perejil y limón descrita en la nota.

**NOTA**

Aunque este plato es perfecto como acompañamiento, a mí me gusta servirlo como plato principal. Para ello, esparzo por encima una sencilla ensalada hecha con queso feta desmenuzado, aceitunas negras, cebolla roja en láminas finas, hojas de perejil y pulpa de limón majada.

# Risotto de espelta con nabo, kale, pecorino y nueces

Es una cena fácil y reconfortante, ideal para noches frías y comensales hambrientos. El nabo rallado y el kale en juliana imbuyen de dulzor al «risotto» a medida que se asa. Remata los platos con cuñas de nabo asado, queso pecorino y una lluvia de nueces picadas tostadas. Asegúrate de que compras pecorino vegetariano (algunos se hacen con cuajo animal) o sustitúyelo por un queso vegetariano al estilo parmesano o de cabra duro.

**3-4 RACIONES** ........ **COMO PLATO PRINCIPAL**
**PREPARACIÓN** ........ **20 MINUTOS**
**COCCIÓN** ........ **55 MINUTOS**

700 g (1 lb 9 oz) de nabos medianos y finos, con los extremos cortados
30 g (1 oz) de mantequilla sin sal
2½ cucharaditas de aceite de oliva
1 cebolla dulce, cortada por la mitad y picada fina
850 ml (30 fl oz) de caldo de verduras
300 g (10½ oz) de espelta perlada
150 ml (5 fl oz) de vino blanco seco
1 puñado de ramitas de tomillo
2 cucharaditas de miel
50 g (1¾ oz) de mitades de nuez, majadas groseramente
la ralladura finamente picada y el zumo de 1 limón
300 g (10½ oz) de cavolo nero u otra kale, sin los tallos y las hojas cortadas en una juliana gruesa
100 g (3½ oz) de pecorino duro, rallado fino
sal y pimienta negra recién molida

Precalienta el horno a 200 °C (400 °F/gas 6) y comprueba que sea lo bastante grande como para acomodar una cazuela a media altura.

Si la piel de los nabos es lisa y no tiene imperfecciones, bastará con que los frotes para limpiarlos. De lo contrario, pélalos. Ralla groseramente 400 g (14 oz) de los nabos más grandes y corta el resto longitudinalmente en delgados cuartos o sextos según el tamaño.

Calienta a fuego bajo una cazuela mediana apta para fogones de gas o una cacerola apta para horno y con tapa y funde la mitad de la mantequilla junto a una cucharada de aceite. Añade la cebolla y una pizca generosa de sal y sofríe lentamente y removiendo con frecuencia 10 minutos o hasta que la cebolla se vuelva translúcida y empiece a tomar color.

Lleva el caldo a ebullición en otra cazuela y mantén el hervor al mínimo posible.

Sube a fuego medio la cazuela de la cebolla y añade el nabo rallado y la espelta. Remueve 1 minuto para que todo quede bien untado de la grasa. Añade el vino, redúcelo y añade el caldo caliente. Tápalo y hornéalo 40 minutos.

Mientras, dispón en una bandeja apta para horno los trozos de nabo cortados. Úntalos con el aceite restante, salpimienta generosamente y reparte la mantequilla que te queda por encima. Asa 15-20 minutos, hasta que se doren, y sacude la bandeja enérgicamente a media cocción. Ahora, añade la mayoría de las ramitas de tomillo, la miel y las nueces. Reanuda la cocción y prolóngala 10 minutos hasta que todo esté tostado y los nabos estén tiernos. Saca la bandeja del horno y añade la ralladura y la mitad del zumo de limón.

Añade el cavolo nero a la espelta, remueve y vuelve a meterla en el horno 5 minutos. Sácala del horno, añade la mitad del pecorino y el resto del zumo de limón, remueve y deja reposar 2 minutos. Rectifica de sal y sírvelo en boles calientes con el resto del pecorino y la mezcla de nabos asados encima, adornados con un par de ramitas de tomillo.

# Hamburguesas de remolacha y tápenas



Aquí tienes una contundente hamburguesa vegetariana a base de remolacha y de lentejas con el toque de sal que le dan las tápenas fritas. Se sirve con cuñas de patata asadas, por ejemplo con romero y aceite de oliva, y una ensalada de hojas verdes. Comida de bar casera.

**4 RACIONES**
**PREPARACIÓN** ........ **20 MINUTOS**
**COCCIÓN** ........ **1 HORA 40 MINUTOS**

2 cucharadas de mayonesa
2 cucharadas de yogur griego
2½ cucharadas de aceite de oliva
4 cucharadas de tápenas, enjuagadas y escurridas
1 bote de 400 g (14 oz) de lentejas verdes, bien escurridas
1 huevo
1 puñado de hojas de perejil
1 cucharadita de semillas de hinojo o de apio
100 g (3½ oz) de pan blanco rallado
75 g (2½ oz) de pipas de girasol
1 cebolla roja, picada fina
400 g (14 oz) de remolacha (3 grandes), peladas y ralladas groseramente
4 brioches, cortados horizontalmente
1 puñado de rúcula
100 g (3½ oz) de remolacha encurtida, en rodajas
1 aguacate maduro, cortado por la mitad, deshuesado y laminado
sal y pimienta negra recién molida

Precalienta el horno a 190 °C (375 °F/gas 5).

Mezcla la mayonesa y el yogur en un bol pequeño, salpimienta y resérvalo en el frigorífico.

Calienta 1 cucharada de aceite a fuego medio en una sartén y añade la mitad de las tápenas. Fríelas 1- 2 minutos hasta que se abran, se doren y estén crujientes. Vuélcalas sobre una hoja de papel de cocina para que se escurran y reserva.

Deposita las lentejas y el huevo en el vaso pequeño de un robot de cocina y tritura hasta que obtengas un puré grueso. Ahora, añade el perejil, las semillas de hinojo o de apio y el resto de las tápenas. Vuelve a triturar hasta que todo quede picado bastante fino. Transfiere a un bol grande, añade el pan rallado y las pipas de girasol y remueve.

Pocha la cebolla roja con una pizca de sal en 1 cucharada de aceite a fuego medio en una sartén. Remueve con frecuencia unos 7 minutos o hasta que la cebolla se haya pochado y se empiece a dorar. Añade la remolacha rallada y sofríe 10 minutos más, hasta que esté blanda y «seca». Espera a que se enfríe y vuélcala en el bol con las lentejas. Remueve bien para integrarlo todo y salpimienta.

Forra una bandeja de horno grande con papel de horno. Humedécete las manos y haz cuatro discos con forma de hamburguesa con la masa de lentejas y remolacha. Dispón las hamburguesas espaciadas sobre el papel de horno. Píntalas por encima y por los lados con el resto del aceite y hornéalas 25 minutos o hasta que estén firmes y se empiecen a tostar.

Calienta los brioches en el horno los últimos 3 minutos de la cocción de las hamburguesas o tuéstalos en una plancha muy caliente por los lados cortados unos 30 segundos o hasta que se les hayan marcado bien las rayas de la plancha.

Unta la base de cada mitad de brioche con la mayonesa que has reservado y las tápenas fritas. Pon encima algunas hojas de rúcula, una hamburguesa de remolacha, láminas de remolacha encurtida, láminas de aguacate, más rúcula y la parte superior del brioche.

# Arroz y patata pilaf con azafrán y cerezas

Este sencillo pilaf especiado de inspiración persa es magnífico, además de una de mis recetas preferidas del libro. Es tan especial que podría ser el plato principal de una cena de celebración, acompañado por ejemplo de berenjenas especiadas.

**4-6 RACIONES**
**PREPARACIÓN ........ 20 MINUTOS**
**COCCIÓN ........ 1 HORA 10 MINUTOS**

250 g (9 oz) de arroz basmati, enjuagado y escurrido
1 bote de 400 g (14 oz) de lentejas verdes, enjuagadas y escurridas
1 pizca de hebras de azafrán
60 g (2 oz) de mantequilla salada
1 cebolla grande, picada
6 vainas de cardamomo verde, majadas
1½ cucharaditas de semillas de comino, majadas
1½ cucharaditas de semillas de cilantro, majadas
½ cucharadita de canela molita o ½ rama de canela
30 g (1 oz) de raíz de jengibre fresca, pelada y picada fina
4 tiras anchas de cáscara de limón, pelada
600 g (1 lb 5 oz) de patatas de asar grandes y cerosas, con la piel frotada y en dados de 2 cm (¾ in)
2 dientes de ajo, picados finos
100 g (3½ oz) de cerezas secas
1 puñado grande de eneldo, picado fino
100 g (3½ oz) de yogur griego entero
1 granada grande, desgranada
sal y pimienta negra recién molida

**NOTA**

Puedes sustituir las patatas por apio nabo o por nabo, si te gustan más, o usar una combinación de las tres cosas.

Vuelca el arroz enjuagado en una cazuela grande con 300 ml (10 fl oz) de agua y una pizca de sal. Lleva a ebulición y baja el fuego para que siga hirviendo lentamente. Tapa la cazuela y hierve 8 minutos o hasta que el arroz haya absorbido el agua. Retira la cazuela del fuego, añade las lentejas y mézclalas con el arroz al tiempo que lo aireas. Reserva.

Precalienta el horno a 190 °C (375 °F/gas 5).

Pon las hebras de azafrán en un cuenco pequeño y cubre con 90 ml (3 fl oz) de agua hirviendo. Deja que infusione 10 minutos.

Mezcla el aceite y la mitad de la mantequilla en una cazuela apta para fogones de gas. Añade la cebolla, una pizca de sal y sofríe 10 minutos, removiendo con frecuencia hasta que la cebolla se poche y se dore. Añade todas las especias, el jengibre y la piel de limón y remueve 1-2 minutos. Entonces, añade las patatas, sube un poco el fuego y fríe unos 5 minutos. Añade el ajo y prolonga la cocción unos 7 minutos o hasta que las patatas se empiecen a caramelizar. Si el sofrito se empieza a pegar, baja el fuego ligeramente o añade un poco más de mantequilla o de aceite. Las patatas no se acabarán de hacer del todo, pero deberían estar parcialmente blandas y doradas por fuera. Vuélcalo todo en un cuenco grande, añade las cerezas secas, dos tercios del eneldo picado y una pizca generosa de sal y de pimienta negra. Remueve y reserva.

En un cuenco pequeño, mezcla el yogur y 2 cucharadas generosamente colmadas del arroz con lentejas. Funde a fuego bajo el resto de la mantequilla en la cazuela sin limpiar. Vierte cucharaditas del yogur con el arroz y las lentejas en la cazuela y extiende hasta que cubras el fondo con una capa uniforme. Encima, pon otro par de cucharadas colmadas del arroz con las lentejas y aprovecha para llenar los posibles huecos. Ahora, añade cucharadas de las patatas con eneldo en otra capa uniforme y, finalmente, una capa uniforme del resto del arroz con lentejas. Reparte a cucharadas el agua de azafrán sobre la superficie y tapa. Hornea a media altura 30 minutos. Deja reposar 5 minutos, y esparce por encima los granos de granada y el eneldo.

# Coliflor asada con pan rallado crujiente

Esta receta es más lujosa de lo que el nombre da a entender y se trata de una coliflor entera, asada y envuelta en una vinagreta ahumada de azafrán que te trasladará a Oriente Medio. El crujiente pan rallado tostado, condimentado con sabores salados y ácidos es la opción para los ahorradores. Si quieres tirar la casa por la ventana, opta por piñones, almendras o nueces como sustitutos o como ingredientes adicionales.

**4 RACIONES** ........ **CON ACOMPAÑAMIENTO**
**PREPARACIÓN** ........ **25 MINUTOS**
**COCCIÓN** ........ **1 HORA 35 MINUTOS**

2 cucharadas de pimentón ahumado
4 dientes de ajo, majados
5 cucharadas de aceite de oliva virgen extra, al gusto
1 coliflor muy grande (1,5 kg/3 lb 5 oz), con las hojas duras o sobrantes cortadas y el tronco recortado
1 pizca generosa de hebras de azafrán, en remojo en 2 cucharadas de agua recién hervida
1½ cucharadas de miel
3 cucharadas de vinagre de Jerez
2 cucharaditas de hojitas de romero (o de tomillo) picadas
90 g (3 oz) de pan de masa madre rallado
2 cucharadas de tápenas, enjuagadas y escurridas
la ralladura fina y el zumo de 1 limón pequeño
50 g (1¾ oz) de uvas pasas
1 puñadito de perejil, picado
sal y pimienta negra recién molida

**PARA SERVIR**

ensalada de endibias o de rúcula
lentejas con aliño de mostaza

Precalienta el horno a 190 °C (375 °F/gas 5).

Mezcla el pimentón, 2 dientes de ajo y 2 cucharadas de aceite de oliva. Salpimienta bien y frota toda la superficie de la coliflor con la mezcla. Deposita la coliflor en una cazuela grande, tápala y ásala a media altura en el horno 1 hora y 20 minutos, o hasta que esté tierna cuando la pinches con una brocheta.

Mientras, mezcla el azafrán en remojo, la miel, el vinagre de Jerez, el romero y 1 cucharada de aceite de oliva en un cuenco pequeño. Salpimienta bien y reserva.

Calienta las 2 cucharadas de aceite restantes a fuego medio en una sartén grande. Añade los 2 dientes de ajo majados que quedan y sofríelos unos segundos. Añade el pan rallado, las tápenas, la ralladura de limón y las uvas pasas, sin dejar de remover 4-5 minutos o hasta que todo se haya dorado y esté crujiente (el aceite se habrá absorbido, añade un poco más si es necesario). Retira del fuego y salpimienta. Espera a que se enfríe y añade el perejil. Remueve.

Ahora, desenhorna la coliflor, riégala con la vinagreta de azafrán y devuélvela al horno 10 minutos o hasta que se dore. Mantén la coliflor en la cazuela y sírvela directamente en la mesa o trasládala con cuidado a una fuente para servir y exprime el limón encima. Para servir, pon cucharadas del pan rallado encima y deja que parte de este caiga sobre el zumo de cocción a los lados. Una ensalada de endibias o de rúcula o unas lentejas con vinagreta de mostaza serán un acompañamiento ideal.

# Sopa de remolacha, lentejas y coco



La remolacha siempre es espectacular y soporta especias y aromáticos contundentes, aunque, si no te gusta el dulzor terroso que aporta, siempre la puedes sustituir por dados asados de calabaza violín o de nabo. Puedes preparar la base de la sopa con hasta 3 días de antelación y, a última hora, calentarla bien, pero los tropezones de jengibre y las hojas de curri exigen que los hagas al momento y los sirvas recién salidos de la sartén.

**RECETA VEGANA**
**4 RACIONES**
**PREPARACIÓN** ........ **20 MINUTOS**
**COCCIÓN** ........ **1 HORA**

2 cucharadas de aceite de coco o cacahuete
1 cebolla roja grande, picada
3 trozos de raíz de jengibre fresca del tamaño de un pulgar grande, pelados
1 cucharadita de semillas de hinojo
5 vainas de cardamomo verde, solo las semillas
1 pizca generosa de copos de chile
150 g (5 oz) de lentejas rojas, enjuagadas
500 g (1 lb 2 oz) de remolacha roja, pelada y picada groseramente
800 ml (28 fl oz) de caldo de verduras
1 lata de 400 ml (14 fl oz) de leche de coco, bien agitada
2 cucharaditas de garam masala
1 chile rojo, en rodajitas
unas 20 hojas de curri
el zumo de 1 limón grande
sal y pimienta negra recién molida

Calienta 1 cucharada de aceite a fuego bajo en una cazuela grande. Añade la cebolla y una pizca de sal y sofríe 10 minutos o hasta que esté translúcida. Pica groseramente 2 trozos de jengibre y añádelos a la sartén. Sube el fuego y sigue sofriendo 5 minutos.

Añade las semillas de hinojo y de cardamomo, los copos de chile y las lentejas y remueve 1 minuto, para que las especias se calienten y se tuesten. Añade la remolacha, el caldo de verduras y 250 ml (8½ fl oz) de la leche de coco, remueve bien, sube el fuego y lleva a ebullición. Ahora, baja el fuego para mantener el líquido hirviendo a fuego lento y prolonga la cocción 25-30 minutos o hasta que la remolacha y las lentejas estén completamente tiernas, removiendo de vez en cuando para impedir que las lentejas se peguen al fondo de la cazuela. Añade el garam masala, remueve y hierve a fuego lento 5 minutos más. Tritura la sopa por tandas hasta que obtengas una crema aterciopelada (sé paciente y tritura a conciencia, preferiblemente con una batidora de mano, que será la que te dé los mejores resultados). Devuelve la sopa a la cazuela, caliéntala a fuego muy bajo y mantenla caliente.

Lamina y luego corta en palitos el trozo de jengibre que te queda. Calienta la cucharada de aceite restante a fuego medio en una sartén y añade los palitos de jengibre y las rodajitas de chile. Salpimienta y sofríe 1-2 minutos hasta que el jengibre se empiece a arrugar. Añade las hojas de curri y remueve para que se unten de aceite. En unos segundos, se habrán oscurecido y estarán brillantes. Retira la sartén del fuego.

Añade el zumo de limón a la sopa caliente, remueve y rectifica de sal y de pimienta si es necesario. Sirve la sopa en cuencos calientes y remata con un chorrito de la leche de coco que te queda y el jengibre y las hojas de curri sofritos.

# Gratín de verduras de hoja verde, patatas y setas

Usar ingredientes de buena calidad es esencial en recetas como esta que exigen mucho tiempo a pesar de su aparente sencillez. No me refiero a usar ingredientes caros, sino bien elegidos, lo que significa esmerarse un poco a la hora de comprar las patatas. Yo uso patatas de Chipre, doradas y cerosas, que compro aún cubiertas de tierra en mi tienda de productos turcos local; espinacas maduras con hojas como banderas y pencas crujientes que trocear; y nata fresca del color de la mantequilla, con una textura voluptuosa gracias al elevado contenido en grasa. Por supuesto, puedes elaborar esta receta aunque no dispongas de estos ingredientes... pero entonces será un gratín como cualquier otro, sin la magia serena que aportan los ingredientes de calidad. Fíjate también en el reposo de 15-20 minutos al final del tiempo de cocción: ¡es fundamental!

**4 RACIONES**
**PREPARACIÓN** ........ **30 MINUTOS**
**COCCIÓN** ........ **2 HORAS 20 MINUTOS**
**REPOSO** ........ **20 MINUTOS**

50 g (1¾ oz) de mantequilla con sal, a temperatura ambiente, y un poco más para engrasar la fuente de horno
1,3 kg (2 lb 8 oz) de patatas cerosas amarillas (como las de Chipre), peladas
15 g (½ oz) de setas porcini secas, desmenuzadas en trocitos pequeños
2 cebollas blancas dulces, cortadas por la mitad y en medias rodajas
300 g (10½ oz) de setas laminadas, pueden ser champiñones o más sofisticadas, como porcini, etc.
500 g (10½ oz) de verduras de hoja verde, como acelgas, verduras de hoja verde baby o espinacas o kale de hoja grande
1 cucharada de salvia picada fina, y 12 hojas de salvia enteras
300 ml (10 fl oz) de caldo de verduras
50 ml (1¾ oz) de vino blanco seco
300 g (10½ oz) de nata fresca entera y de la mejor calidad
sal y pimienta negra recién molida

Engrasa ligeramente con mantequilla una fuente para horno cuadrada de 25 cm (10 in) de lado.

Lamina las patatas longitudinalmente, a poder ser con una mandolina o con mucha paciencia y un cuchillo muy afilado. Deberían tener unos 3 mm (1/8 in) de grosor; no tan finas que se rompan, pero no tan gruesas que no sean ligeramente flexibles.

Hierve la patata laminada a fuego lento en abundante agua solo 5-6 minutos. Con sumo cuidado, pasa las láminas de patata a un colador sobre el fregadero. El objetivo es que queden perfectamente intactas.

Mientras, pon en remojo las setas porcini en un cuenco con 3 cucharadas de agua hirviendo. Déjalas en remojo 10 minutos, estruja las setas sobre el cuenco y deja ambos elementos a tu alcance.

Calienta a fuego bajo los 50 g (1¾ oz) de mantequilla en una cazuela grande apta para fogones de gas y añade la cebolla y una pizca de sal. Sofríe, removiendo con frecuencia, 20 minutos o hasta que la cebolla esté muy blanda, pero no haya adquirido color. Añade las setas frescas y sofríe 5 minutos. Ahora, añade la verdura de hoja verde, las setas porcini estrujadas y la salvia picada y sofríe unos 4 minutos, hasta que la verdura se haya pochado. Salpimienta generosamente.

Precalienta el horno a 180 °C (350 °F/gas 4).

Vierte el caldo de verduras, el vino blanco, el agua de las setas porcini y la nata fresca en un cazo y hierve a fuego lento unos 10 minutos o hasta que el volumen se haya reducido en aproximadamente un tercio.

Dispón, superpuestas y salpimentando a medida que avances, la mitad de las rodajas de

patata en la base de la fuente de horno hasta que quede cubierta de una capa uniforme. Pon la verdura con la cebolla encima y vierte la mitad de la nata fresca condimentada. Haz otra capa con el resto de la patata, salpimentando también ahora a medida que la montes. Superponlas de modo que queden ordenadas y, para terminar, intercala las hojas de salvia. Vierte con cuidado el resto de la nata fresca por encima. Llegará hasta el borde, así que ve despacio y, de vez en cuando, detente para sacudir con suavidad la fuente para que la salsa vaya bajando de nivel.

Tapa la fuente con papel de aluminio y métela en el horno 35 minutos. Ahora, baja la temperatura a 170 °C (340 °F/gas 3), retira el papel de aluminio y prolonga la cocción 1 hora, hasta que el gratín se haya dorado y esté completamente tierno cuando lo pinches con la punta de un cuchillo. Déjalo reposar 15-20 minutos antes de cortarlo y servirlo, para que tenga tiempo de asentarse y lo puedas cortar sin problemas. Recuerda tener esto en cuenta a la hora de calcular los tiempos.

**NOTA**

Dejar reposar un gratín o una lasaña unos minutos después de la cocción permite que los ingredientes tengan tiempo de asentarse a medida que se enfrían, de modo que los cortes salen más limpios.

# Risotto de remolacha con salvia crujiente y nata fresca

Un clásico de las cenas festivas que nos recuerda que la comida vegetariana puede ser sofisticada y elegante a la par que sencilla. Sé delicado cuando cuezas el arroz, remueve siempre en la misma dirección, como hacen los italianos, y busca un arroz al punto justo, que «fluya» por el plato en lugar de quedar apelmazado en grumos pegajosos.

**4 RACIONES**
**PREPARACIÓN** ........ **20 MINUTOS**
**COCCIÓN** ........ **25 MINUTOS**

1,1 litros (37 fl oz) de caldo de verduras
25 g (1 oz) de mantequilla sin sal
2 cucharadas de aceite de oliva
1 cebolla roja pequeña, picada fina
150 ml (5 fl oz) de vino tinto
275 g (10 oz) de arroz arborio u otro tipo de arroz indicado para risottos
2 remolachas medianas, peladas y ralladas groseramente
50 g (1¾ oz) de queso vegetariano al estilo parmesano, rallado fino
1 puñado de hojas de salvia
4 cucharadas de nata fresca de la mejor calidad
sal y pimienta negra recién molida

Vierte el caldo en una cazuela mediana y lleva a ebullición. Tápala y baja el fuego para que siga hirviendo a fuego lento.

Funde la mantequilla y 1 cucharada de aceite en una sartén honda y añade la cebolla. Sofríela a fuego bajo 10 minutos, removiendo con frecuencia, hasta que esté blanda pero no haya adquirido color.

Sube el fuego ligeramente, añade el arroz y remueve aproximadamente 1 minuto para que quede bien untado de la mantequilla. Vierte el vino y deja que se evapore casi totalmente. Añade la remolacha rallada y 1 cucharón del caldo que mantienes hirviendo a fuego bajo en la otra cazuela. Mantén también el caldo del arroz hirviendo a fuego bajo hasta que se reduzca y casi se haya evaporado antes de añadir otro cucharón. Sigue removiendo, hirviendo a fuego bajo y añadiendo caldo cazo a cazo unos 18 minutos, hasta que el arroz esté al dente. La mezcla debería estar suelta y fluir en la cazuela. Retírala del fuego, añade la mitad del parmesano vegetariano y remueve. Salpimienta al gusto.

Mientras, y en el aceite de oliva que te queda, sofríe las hojas de salvia a fuego medio en una sartén 1-2 minutos hasta que chisporroteen, pero antes de que hayan adquirido color (se volverán crujientes cuando se enfríen). Salpimiéntalas y deja que se escurran sobre papel de cocina.

Sirve el risotto en platos planos y deposita cucharaditas rasas de nata fresca sobre el arroz. Para terminar, esparce las hojas de salvia y el resto del parmesano vegetariano por encima de los platos.

# SALSAS

Esta sección contiene algunas de las salsas básicas, útiles y notables que han aparecido a lo largo del libro y que realzan y enaltecen las verduras. También incluye algunas variaciones interesantes.

# Pasta vegana de curri rojo tailandés



Esta salsa es muy sabrosa, extraordinariamente picante (quien avisa no es traidor) y de sabor auténtico, a pesar de que, por motivos obvios, no contiene pasta de gamba tailandesa. La podrás usar como base de curris vegetales con leche de coco o para elaborar la maravillosa salsa satay que encontrarás en la receta de Boles satay de tofu y anacardo especiados con trigueros a la plancha y edamame (p. 110).

**SALEN UNAS 6 CUCHARADAS**
**RACIONES** 2 CURRIS PARA 4 PERSONAS
**PREPARACIÓN** 30 MINUTOS

6 chiles rojos largos secos
1½ cucharaditas de semillas de comino
1 cucharadita de cilantro
8 granos de pimienta blanca
½ cucharadita de canela molida
2 cucharaditas de pimentón dulce ahumado
1 cucharadita rasa de sal
4 chiles rojos de ojo de pájaro, picados
3 raíces de cilantro fresco o ½ puñadito de tallos de cilantro
1 trozo del tamaño de un pulgar grande de galangal o de raíz de jengibre fresca, pelada y picada
3 chalotas tailandesas o rojas
2 tallos de hierba de limón, limpios y picados groseramente
3 hojas de lima frescas, picadas groseramente
10 dientes de ajo
un poco de agua y/o aceite de cacahuete, cuando sea necesario

Idealmente, deberías preparar esta receta con guantes, por si te despistas y te tocas los ojos o algo peor, porque el aceite de chile te escocería mucho.

Pon los chiles secos en un cuenco resistente al calor y cúbrelos con agua recién hervida. Deja reposar 10 minutos, escúrrelos y pícalos groseramente.

Calienta las semillas de comino y de cilantro y los granos de pimienta blanca a fuego medio en una sartén sin aceite. Tuéstalas aproximadamente 1 minuto, sacudiendo la sartén, hasta que se vuelvan fragantes. Añade la canela y el pimentón y tuesta 30 segundos más. Ahora, muele groseramente las especias en un mortero o usando la base de un tarro de mermelada grueso.

Si usas mortero y mano de mortero, añade el chile que has puesto en remojo, el chile ojo de pájaro y la sal y muele hasta que obtengas una pasta. Si no, vuelca las especias y los chiles en el vaso de un robot de cocina. Muele o tritura y detente un momento para añadir las raíces o los tallos de cilantro y el galangal o el jengibre. Muele o tritura de nuevo y, en el segundo caso, detente para limpiar las paredes del vaso de vez en cuando. Ahora añade las chalotas, la hierba de limón, las hojas de lima y el ajo y sigue moliendo o triturando hasta que obtengas una pasta relativamente uniforme. No hace falta que sea completamente homogénea, pero es probable que tengas que añadir un poco de agua o de aceite de cacahuete para que las hojas se sigan moviendo en el robot de cocina.

Ya lo tienes. Una pasta de curri que te hará llorar. Se conservará, tapada, 1 semana en el frigorífico o varias semanas en el congelador, si la envuelves bien (a partir de entonces, seguirá siendo segura, pero empezará a perder potencia). Para sacarle el máximo provecho cuando la uses, fríe la pasta a fuego bajo con una cantidad generosa de aceite, para caramelizar los ingredientes. Sofríela unos 10 minutos antes de continuar con la receta que tengas entre manos.

# Pesto de hierbas estivales

Lo puedes preparar solo con albahaca, como en la receta tradicional, o sustituir la mitad de la cantidad que indica la receta por cualquier combinación de albahaca griega, menta, perejil, perifollo o frondas de zanahoria.

**SALEN UNOS 200 G (7 OZ/MEDIO TARRO MEDIANO)**
**PREPARACIÓN ........ 15 MINUTOS**

2 dientes de ajo, picados gruesos
1 pizca generosa de sal marina en escamas
1 puñado de hojas de albahaca
50 g (1¾ oz) de piñones o de almendras blanqueadas, ligeramente tostados
unos 100 ml (3½ fl oz) de aceite de oliva virgen extra, y un poco más para cubrir el pesto
25 g (1 oz) de queso vegetariano al estilo parmesano, rallado fino

Si vas a usar un mortero y una mano de mortero, al estilo tradicional, comienza por majar los dientes de ajo y una pizca de sal marina hasta que obtengas una pasta. Entonces, añade gradualmente la albahaca, los piñones o las almendras, y sigue moliendo mientras añades el aceite de oliva en un chorrito constante. Muele con cuidado, para no transformar las hierbas en una pasta líquida, y no añadas el queso hasta el final. Remueve.

Si vas a usar un robot de cocina pequeño, comienza también con el ajo y una buena pizca de sal. Tritura para que quede bien picado, añade la albahaca y vuelve a picar. Limpia los laterales del vaso y añade los piñones o las almendras y un buen chorro de aceite de oliva. Tritura en pulsaciones y añade un hilillo fino de aceite de oliva con las hojas en movimiento, hasta que obtengas una pasta de un color verde intenso y con textura. Añade el queso y remueve.

Para guardarlo, pasa el pesto a un bote, alisa la superficie y cúbrela con una fina capa de aceite de oliva. Tapa el bote y guárdalo en el frigorífico. Se mantendrá aproximadamente 1 semana.

# Pesto de kale y nueces tostadas

Es un pesto excelente y muy socorrido a la hora de aliñar todo tipo de pastas, ensaladas y sopas. Este es el que deberías usar, idealmente con avellanas, para la Lasaña de verano de la página 80. En otras recetas, prueba a añadir un chile rojo picado para aportar un toque picante o a usar berros sin blanquear (o rúcula o cualquier tipo de kale) en lugar de cavolo nero.

**SALEN UNOS 200 G (7 OZ/MEDIO TARRO MEDIANO)**
**PREPARACIÓN ........ 5 MINUTOS**
**COCCIÓN ........ 2 MINUTOS**

200 g (7 oz) de cavolo nero o de kale toscana, con las hojas troceadas y los tallos más duros desechados
2 dientes de ajo, picados groseramente
un puñado de hojas de albahaca
50 g (1¾ oz) de avellanas o de nueces blanqueadas, tostadas hasta que se doren
unos 100 ml (3½ fl oz) de aceite de oliva virgen extra, y un poco más para cubrir el pesto
30 g (1 oz) de queso vegetariano al estilo parmesano, rallado fino
el zumo de 1 limón
sal y pimienta negra recién molía

Blanquea el kale en abundante agua con sal hirviendo 2 minutos. Enjuágalo bajo el grifo de agua fría y escúrrelo bien.

Tritura el kale en un robot de cocina pequeño junto al ajo, la albahaca, las avellanas o las nueces y un buen chorro de aceite de oliva. Usa el botón de las pulsaciones para triturar hasta que obtengas una pasta con textura y ve añadiendo un hilillo de aceite de oliva hasta que las hojas se muevan con libertad. Añade el queso y el zumo de limón, remueve y salpimienta.

Para guardar el pesto, pásalo a un bote, alisa la superficie y cúbrela con una fina capa de aceite de oliva. Tapa el bote y guárdalo en el frigorífico. Se mantendrá aproximadamente 1 semana.

# Nuoc cham vegana

Se trata de una versión vegana de la infinitamente útil y deliciosa salsa vietnamita *nuoc cham*. Últimamente, la salsa de «pescado» vegana es bastante fácil de encontrar en la algunos supermercados. Aunque no es exactamente igual que la de pescado, que cuenta con la calidad y la complejidad adicionales que aporta el aceite de oliva virgen extra, queda muy bien en esta salsa. Usa la *nuoc cham* como salsa para untar o como aliño de ensaladas siempre que necesites un toque ligero y equilibrado de salado-dulce-amargo-picante.

**RECETA VEGANA**
**SALEN UNOS 120 ML (4 FL OZ)**
**PREPARACIÓN ... 5 MINUTOS**
**COCCIÓN ... 5 MINUTOS**

2 cucharadas de azúcar glas
3 cucharadas de vinagre de arroz
3 cucharadas de salsa de «pescado» vegana
el zumo de 1 lima

**PARA TERMINAR, AÑADE UNO O VARIOS DE LOS INGREDIENTES SIGUIENTES**

1 trozo del tamaño de un pulgar de raíz de jengibre fresca, pelada y picada muy fina
1 diente de ajo grueso, picado muy fino
2 hojas de lima frescas, en una juliana muy fina
1-2 chiles ojo de pájaro, picados muy finos

Calienta poco a poco el azúcar glas con el vinagre, la salsa de «pescado» vegana y 4 cucharadas de agua hasta que el azúcar se disuelva. No dejes que rompa a hervir. Deja que se enfríe y añade el zumo de lima y los aromáticos o el chile necesario según la receta que estés preparando (los puedes añadir todos si quieres, claro está). Tapa y mantén en el frigorífico hasta 3 días.

# Salsa verde

Se trata de una versión picante y con sabor a menta de la típica salsa verde, por lo que quizás quieras experimentar y sustituir la mitad de la menta por perejil.

**RECETA VEGANA**
**SALEN UNOS 175 ML (6 FL OZ)**
**4 RACIONES ... COMO SALSA**
**PREPARACIÓN ... 20 MINUTOS**

2 dientes de ajo, picados groseramente
2 cucharadas de mostaza de Dijon
1 puñado grande de menta, solo las hojas
1 puñadito de cebollino, picado groseramente
1 cucharada de tápenas, escurridas
2 cucharadas de aceitunas verdes sin hueso
2 cucharadas de vinagre de vino tinto
5 cucharadas de aceite de oliva virgen extra, y un poco más para servir
sal y pimienta negra recién molidas

Tritura en un robot de cocina el ajo, la mostaza, la menta y el cebollino hasta que obtengas una pasta gruesa. Añade las tápenas, las aceitunas, el vinagre y el aceite de oliva, junto a una cantidad generosa de pimienta negra y 2 cucharadas de agua. Tritura a pulsaciones hasta que obtengas un aliño con textura; no debe quedar demasiado homogéneo. Comprueba el punto de sal y de pimienta, tapa y mantén en el frigorífico hasta 5 días.

# A

# B

# C

# D



# E

# F



# G



# H

# J



# K

# L



# M

# N



# O



# P

# Q



# R



# S

# T

## U



## V



## W



## Y

# Z



**ZANAHORIAS**

# Agradecimientos

Como siempre, ningún agradecimiento estaría completo sin reconocer previamente que todo libro de cocina es un trabajo de equipo. La transición de la idea en bruto al libro publicado exige dar un enorme salto que ningún escritor puede hacer solo.

Gracias a Kate Pollard de Welbeck, por su entusiasmo, visión, experiencia y amistad. Estoy impaciente por escribir más libros contigo. Evi.O-Studio dio vida a estas páginas con color e imaginación. ¡Muchísimas gracias! Gracias también a Beth Bishop, Matt Tomlison, Wendy Hobson y el resto del equipo de Welbeck por vuestro trabajo con el manuscrito y con las recetas para garantizar que todo estuviera como tenía que estar. Gracias a Claudia Young de Greene and Heaton por tu apoyo y orientación continuados.

Emma Lee, que tomó estas fotografías bellísimas y multicolores, es todo un talento, además de una buena amiga. Emma, gracias por tu estudio, tu esfuerzo y las risas, como siempre. Gracias a Indi y a Lily del equipo de fotografía. Hattie Arnold y El Kemp, os estamos muy agradecidas por vuestro esfuerzo incansable y por vuestras sonrisas, mientras me ayudabais a cocinar tantas recetas. Tabitha Hawkins, además de ser la estrella del estilismo y la zumba, nos trajiste *brownies* un viernes.

# Acerca de Alice Hart

Alice Hart vive en RU y hace años que es escritora gastronómica, estilista de alimentos, chef, autora de libros de cocina y nutricionista cualificada. Sus vibrantes recetas de temporada celebran los alimentos enteros, las especias y las hierbas a puñados, además de las verduras en sí mismas. Alice ha escrito varios libros, pero este es su tercer libro de cocina vegetariana.

# Acerca de Alice Hart

FIN

La edición original de esta obra ha sido publicada en el Reino Unido en 2022 por OH Editions, sello editorial de Welbeck Publishing Group, con el título

*The Magnificent Book of Vegetables*

Traducción del inglés
Montserrat Asensio



Av. Diagonal, 402 – 08037 Barcelona
www.cincotintas.com

Primera edición: marzo de 2023

Impreso en China
Depósito legal: B 16541-2022
Código Thema: WBJ
Cocina vegetariana y vegetarianismo

ISBN 978-84-19043-12-2

MIXTO
Papel | Apoyando la silvicultura responsable
FSC® C020056